财 政 部 规 划 教 材
全国财政职业教育教学指导委员会推荐教材
全国中等职业学校财经类教材

成 本 会 计

（第 八 版）

李洛嘉　李盈超　主编

中国财经出版传媒集团
中国财政经济出版社

图书在版编目（CIP）数据

成本会计/李洛嘉，李盈超主编．—8 版．—北京：中国财政经济出版社，2016.12
财政部规划教材　全国财政职业教育教学指导委员会推荐教材　全国中等职业学校财经类教材
ISBN 978－7－5095－7080－7

Ⅰ.①成…　Ⅱ.①李…　②李…　Ⅲ.①成本会计－中等专业学校－教材　Ⅳ.①F234.2

中国版本图书馆 CIP 数据核字(2016)第 75581 号

责任编辑：陈　冰　　　　责任校对：张　凡
封面设计：构远设计　　　　版式设计：董生萍

中国财政经济出版社出版

URL：http：//www. cfeph. cn
E－mail：cfeph @ cfeph. cn

社址：北京市海淀区阜成路甲 28 号　邮政编码：100142
发行处电话：88190406　财经书店电话：64033436
北京中兴印刷有限公司印刷　各地新华书店经销
787×1092 毫米　16 开　11.25 印张　265 000 字
2017 年 1 月第 8 版　2020 年 7 月北京第 5 次印刷
定价：25.00 元
ISBN 978－7－5095－7080－7/F・5672
（图书出现印装问题，本社负责调换）
本社质量投诉电话：010－88190744
打击盗版举报热线：010－88191661　QQ：2242791300

编写说明

本书是财政部规划教材、全国财政职业教育教学指导委员会推荐教材，由财政部教材编审委员会组织编写并审定，作为全国中等职业学校财经类教材使用。

本教材是根据中职财经类专业成本会计教学的要求和特点编写而成。全书以成本核算为基础，以制造业的典型业务为例，以简练的文字、通俗的表述，较为系统、全面地阐述了成本会计的基本理论和基本核算程序及方法。本书从中等职业教育教学的实际需要出发，删繁就简，将教学内容与导入案例、知识链接、实训等板块有机结合，图文并茂，可读性强。本书教程结构体系设计合理，循序渐进，重点突出职业教育的实用性和操作性。本书以能力培养为目标，注重专业性与实用性的统一，系统性与全面性兼具，能力点和知识点相结合，充分吸收同类教材的优点，各章节之间内在联系紧密，符合专业培养目标和课程教学基本要求。教材内容完整、形式新颖，可读性强。

本书适用于中等职业学校财经类专业的教学，也可用于小企业成本会计核算人员自学，或用于在职初级会计人员的短期培训。

本次修订工作是在原教材大纲的基础上进行了修订，并对原教材中的错漏进行了订正，调整了部分练习题的内容和数据。同时在每章增加了若干个二维码，丰富相关知识内容，方便教师和学生扩展知识面。本次修订由四川财经职业学院李洛嘉、河南省会计学校李盈超担任主编。参与本教材修订的（按执笔章节顺序）有李盈超（第一、第二、第十章）、贵州省财政学校孔祥梅（第三、六章）、武汉市财政学校吕庆（第四、五、九章）、广东省财政学校钟秉盛（第七、八章）、河南省会计学校张丽（第十一、十二章）。全书由李洛嘉、李盈超负责总纂。

本教材有配套的《成本会计（第八版）实训与练习》。用书学校任课老师若需要答案，请以电子邮件的形式向中国财政经济出版社索取（请注明：学校、书名、版次），E－mail：caijingjiaocai@163. com。本教材还为任课老师制作了电子教案及电子课件，如果需要，请登录如下网址下载：http://cjjc. cfeph. cn。

由于作者的水平所限，书中错误在所难免，恳请读者批评指正，我们不胜感激。

编　者

2016 年 9 月

本书微网站

扫描微网站二维码

获取教学配套资源和内容更新

不断添加中

目 录

第一章 概 述

【学习目的和要求】

- 理解成本的概念和意义
- 认识成本的分类和相关内容
- 掌握成本会计的概念和内容
- 了解成本会计的职能和相互联系
- 了解成本会计工作机构和基本规范

导入案例

王蓉从服装学校毕业后一直没有稳定的工作，于是在世纪商城当了一名营业员，从事服装零售。在工作中她逐步掌握了服装的进货、销售、结算方面的知识，并在营业过程中了解到市场需求，积累了一定的市场经验。半年后，聪明的王蓉决心自立门户，走出了创业的第一步。她向父母借了3万元，在一个居民小区旁开了一家名为“蓉依”的时装店，生意不错，第二个月小店就开始赢利。

一天，王蓉接待了前来订制服装的陈美。陈美在店里选好一块面料，希望订做一款秋装，王蓉告诉她这款秋装的价格是488元，一周后交货。经过讨价还价，陈美以450元的价格订下服装，满心欢喜地回去了。王蓉对这笔交易也比较满意，店里制作服装需要购买布料100元、耗材（线、镶边料、扣子、衬布等）20元，支付工人工资100元，店面租金摊销、加工工具（缝纫机、熨斗、剪子等）消耗费用折算130元，制作服装的支出共计350元。所以，扣除各种支出王蓉还有100元的盈利。

案例解析

上述案例是我们在日常生活中经常遇到的情况，看似非常简单，但却包含很多成本问题。

第一，在不考虑国家及企业对成本有关规定的条件下，支出与成本可以作为同等的概念。在这笔交易中，买方（陈美）的成本是450元（也是卖方的售价），卖方（王蓉）

的成本为350元。买卖双方的成本计算如下：

陈美买秋装的成本		王蓉时装店制作秋装的成本	
服装售价	450元	布料	100元
		耗材（线、镶边料、扣子、衬布等）	20元
		工人工资	100元
		店面租金摊销、加工工具等折算费用	130元
成本合计	450元	成本合计	350元

第二，在同一笔交易中买卖双方的成本是不同的，但都是以其支出为基础来计算的。

第三，成本是计算利润的基础。如王蓉的时装店在不发生其他费用的情况下，其收入减去成本就是税前利润（450元－350元＝100元）。经营者只有在生产及经营中不断地取得利润，其经营活动才能得以维持和发展。但如果不能确定成本，利润则无法计算。

学习成本会计的基本目的就是计算成本，但首先要懂得什么是成本。

第一节 成本概述

一、成本的概念

（一）成本是什么

成本，简单地说就是一种支出。在现代社会，对买卖双方来说，其成本的含义是不同的。对于买方而言，成本是购买商品时的买价，所以商品的价格就是买方为获取这件商品而支付的成本（如陈美为定制服装所支付的450元）；对于卖方而言，成本是经营者为生产、销售商品而付出的代价（如王蓉时装店为制作服装所花费的料、工、费为350元）。

我们将商品生产过程中耗费的各种人力、物力、财力的总和称为“经济资源”。所以，成本的概念包括以下几个方面的含义：

（1）**成本是为达到一定目的而发生各种经济资源的付出。**

（2）**成本必须用货币来计量**，否则无法进行成本核算。

（3）**成本是一种客观存在。**在现实生活中人们是否需要计算成本，还必须考虑成本核算的必要性。例如，陈美订做服装的目的是自己穿着而不是销售，她只要对服装的款式、制作工艺满意，价格可以承受，就达到了消费的目的。对于陈美来说，服装成本是一种单纯的货币支出，没有进行成本核算的必要。对于王蓉时装店来说，则需要通过成本核算，以确定这样的价格是否能够获得经济收益。因此成本核算对于王蓉的时装店是非常必要的。

（4）**成本必须与特定的对象相联系。**在企业的成本核算中，成本是指某种产品、某项劳务的支出。

（二）马克思关于成本的著名论断

马克思指出：按照资本主义生产方式生产的每一个商品 W 的价值，用公式表示是：

$$W = C + V + M$$

如果我们从这个产品价值 W 中减去剩余价值 M，那么，在商品中剩下的，只是一个在生产要素上耗费的资本价值 C + V 的等价物或补偿价值。商品价值的这个部分，即补偿所消耗的生产资料价格 C 和所使用的劳动力价格 V 的部分，对资本家来说，就是商品的成本价格。

马克思是从生产经营者的角度来论述成本，指出了产品生产成本的基本内涵。同时，马克思将各种生产耗费，也就是“商品的成本价格”概括为生产资料（劳动资料和劳动对象）的耗费和劳动者的劳动耗费，即以货币表现的为制造产品而耗费的各种经济资源的价值之和，我们通常将其称为**“理论成本”**（见图 1－1）。

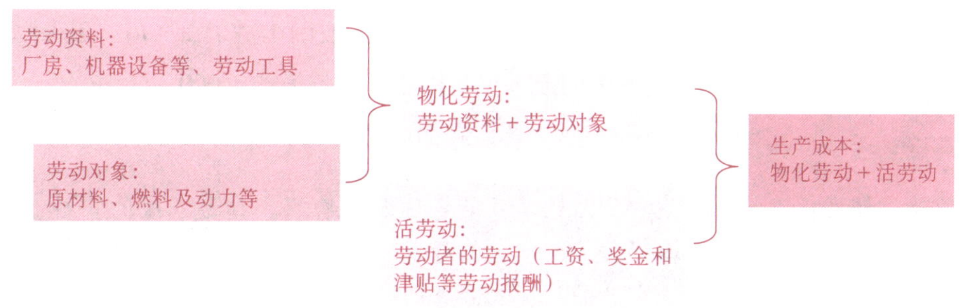

图 1－1 理论成本构成要素关系图

（三）理论成本和实际成本

成本，有理论成本与实际成本之分。

理论成本，是指在正常生产和合理经营条件下的社会平均成本。理论成本可以作为衡量社会经济效益的参考和测定理论价格的依据，它不受生产经营中许多特殊情况和经济生活中有关方针、政策以及客观条件的影响。

实际成本，是指取得或制造某种商品时所实际支付的费用，即已经发生，可以明确确认和计量的成本。在实际工作中，并不是企业为实现生产及经营目的的一切支出都可以计入成本。为了使企业列入成本的各项支出项目和内容保持一致，以便正确计算利润和缴纳税金，防止乱挤乱摊成本，同时也便于保持同行业同类产品成本的可比性，国家规定了成本项目的具体内容。如我国的制造业产品成本按制造成本法计算，其成本项目主要包括在产品生产制造环节所发生的直接材料、直接人工和制造费用，而将在产品生产制造环节之外所发生的管理费用、销售费用和财务费用作为期间费用，从本期损益中直接扣除，不计入产品成本。还有些支出，如各种罚款、滞纳金等不能列入期间费用，则要求按规定计入营业外支出。

【例 1－1】 王蓉时装店 3 月份制作某种服装 40 件，每件销售价格 250 元，共计收入 10 000 元。制作这批服装共消耗各种布料 2000 元，发生工人工资 1800 元，缝纫机等各种设备损耗 200 元。另外，本月份还发生电费 80 元、水费 40 元。因会计人员工作疏忽延迟缴税，被税务机关收取滞纳金 20 元。

解析：本例中，从理论上讲，当月发生的材料费、工人工资费、机器设备损耗费、水电费、滞纳金支出等，都是企业当期发生支出，都是企业的成本。但是，按照我国会计准则和有关会计制度的规定，在实务中我们仅仅把生产产品发生的材料费、人工费、设备折旧费等与产品形成有直接、间接关系的这些耗费作为企业的产品成本，而把与产品形成无关或数额太小分配计入产品成本意义不大的费用直接计入当期损益，冲减当期利润，比如本例中的水电费；税收滞纳金支出按规定应作为营业外支出，也直接冲减利润。

据此，我们可以算出王蓉时装店当月的利润额如下（假设不考虑其他收入和费用）：

营业收入	10 000 元
减：材料、工资、设备损耗等（生产成本）	4 000 元
水电费（作为期间费用）	120 元
滞纳金（营业外支出）	20 元
本月利润总额	5 860 元

制造业成本项目

可见，理论上的成本是指企业发生的各种支出，在本例中就是 4 140 元（4000 + 120 + 20），而会计实务中的成本仅指构成产品价值的 4 000 元。

知识链接

直接材料费：直接用于某种产品或某项劳务的材料费用。如做衣服的布料、炼钢用的铁矿石、修理设备更换的零部件等所支出的费用。

直接人工费：是指直接从事产品生产或劳务的生产工人的工资及福利费等。

二、产品成本与生产费用

成本核算是对企业生产经营过程中各种费用的发生和产品成本的形成所进行的核算。为了正确地进行成本核算，必须对生产经营过程中发生的费用进行合理的分类。

（一）费用按经济内容分类

一个制造业企业发生的费用，按其经济内容划分，可以分为以下八个要素：

（1）外购材料：企业耗用的一切从外部购入的原材料。

（2）外购燃料：企业耗用的一切从外部购入的燃料。

（3）外购动力：企业耗用的一切从外部购入的动力。

（4）职工薪酬：企业因职工提供各种服务而向其支付的各项报酬。

（5）折旧费及摊销费：企业固定资产计提的折旧费以及无形资产、周转材料的摊销费用。

（6）利息支出：企业发生的借款利息支出减去存款利息收入后的差额。

（7）税金支出：企业发生的应计入管理费用的各种税金，包括房产税、车船税、印花税、土地使用税等。

（8）其他费用：指不属于上述各要素的费用。

按照上列费用要素反映的费用，称为“要素费用”。费用按照经济内容分类，可以了解企业在一定时期内都消耗了什么，数额分别是多少，从而能分析出各个时期费用消耗的结构和水平。但这种分类不能反映出这些消耗的资源都用在了何处，因而无法对消耗费用的合理性进行分析。因此，我们还要对费用按经济用途进行分类。

（二）费用按经济用途分类

费用按经济用途划分，首先应分为计入产品成本的“生产费用”和不计入产品成本的“期间费用”两类。

1. 计入产品成本的生产费用按经济用途分类

计入产品成本的生产费用按经济用途可进一步划分为若干个成本项目，具体包括：

（1）直接材料；

（2）直接人工；

（3）制造费用。

2. 不计入产品成本的期间费用按经济用途分类

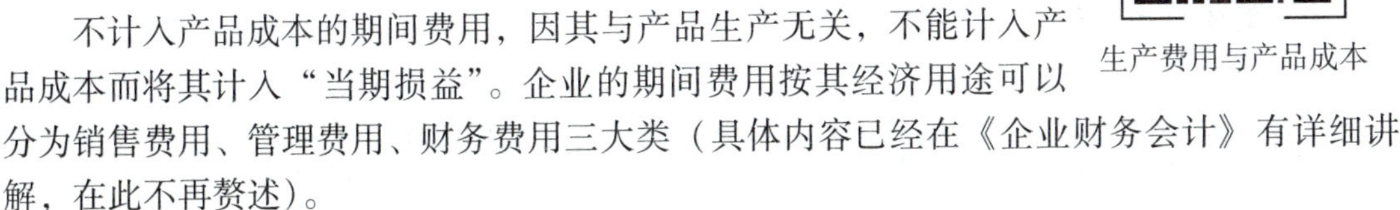

生产费用与产品成本

不计入产品成本的期间费用，因其与产品生产无关，不能计入产品成本而将其计入“当期损益”。企业的期间费用按其经济用途可以分为销售费用、管理费用、财务费用三大类（具体内容已经在《企业财务会计》有详细讲解，在此不再赘述）。

据此，我们应当区分下述两个概念：生产费用和产品成本。

生产费用，是指企业某一期间发生的耗费，它主要表明该期间企业耗费了什么、各自数额是多少；故又称“要素费用”。它与一定的期间相联系，我们常表述为“某期发生的生产费用”。

产品成本，是指某一产品承担了什么费用，它主要表明该产品价值构成都有哪些项目，它是对象化了的费用，故又称“成本项目”。它与一定的对象相联系，我们常表述为“某产品成本”。

一般来讲，产品成本是由生产费用构成的，但不是所有的生产费用都计入产品成本。

例如：某企业某月消耗原材料 20 000 元，其中：生产产品耗用 12 000 元，车间一般耗用 3 000 元，厂部管理部门耗用 4 000 元，销售机构耗用 1 000 元。

- 从费用经济内容的角度理解，我们说本月耗费了原材料这个要素费用 20 000 元；
- 从费用经济用途的角度理解，我们说消耗的原材料用到产品成本上 15 000 元（直接材料 12 000 元，制造费用 3 000 元），用到管理费用上 4 000 元，用到销售费用上 1 000 元。

三、成本的作用

（一）成本是确定生产耗费的基本补偿尺度

企业的生产过程是商品产品的生产过程和各种经济资源消耗过程的统一。要维持企业的再生产，必须使这些耗费得到及时足额的补偿。怎样才算足额补偿？这就必须有一个客观的尺度。这个客观的尺度就是成本。成本的高低不仅反映了从销售收入中需要补偿份额的多少，而且还直接关系到企业盈利的多少。所以，成本作为补偿各种经济资源耗费的尺度，对于促进企业加强成本管理、降低消耗、取得最佳经济效益有着重要作用。

（二）成本是综合反映、控制劳动耗费的重要指标

成本是企业生产经营过程中各种经济资源耗费的综合反映。产品设计是否合理，原材料

消耗是否节约，生产设备是否充分利用，生产组织是否协调，资金运用是否合理、节约以及劳动生产率的高低、产品数量的多少、质量的优劣都能通过产品成本直接或间接地反映出来，而企业通过上述一系列综合指标，可以有效地掌握自己的经营管理水平和工作质量，从而及时发现问题，采取措施，提高效益。

（三）成本是制定产品价格的重要依据

在市场经济条件下，产品价格的制定应体现价值规律的要求，使其大致符合产品价值。在现实的商品经济中，产品价值还不能直接计算，只能通过成本间接地进行反映。所以，确定产品的价格应当以产品成本作为基本依据。产品的价格应高于产品成本，否则，劳动消耗就不能得到补偿，就会发生亏损。需要说明的是，作为制定产品价格依据的成本，不是一个企业的个别成本，而是社会平均成本。**所谓社会平均成本，是指在整个国民经济中，某种产品在当时的生产技术条件下的平均成本水平**。在价格既定的条件下，企业之间的竞争主要是成本的竞争。因为，企业要赢得市场，就必须向市场提供价廉物美的产品。在售价相同的情况下，谁的成本低，谁的盈利就多，谁就能在竞争中立于不败之地。

（四）成本是企业进行生产经营决策的重要依据

在市场经济条件下，企业要在激烈的竞争中寻求生存和发展，就必须根据外部环境和内部条件的变化作出科学的经营决策。经营决策的核心是经济效益的高低，即对任何方案都应以经济效益的大小来衡量其利弊得失，从中选出最优方案。成本是影响经济效益的一个非常重要的因素，**在产品价格和税收一定的情况下，产品成本水平的高低直接影响着企业经济效益的高低和市场竞争能力的大小**。因此，企业进行经营决策时必须考虑产品成本这一重要因素，并以经济效益为标准来选择最佳方案以及评价方案是否可行。

第二节　成本分类

一、制造成本与非制造成本

成本按其经济用途可以分为制造成本与非制造成本。

制造成本，是指产品在制造过程中所发生的各项生产耗费。在我国现行会计制度中，制造成本**主要包括直接材料、直接人工和制造费用**。不同生产特点的企业，还可根据本企业各项费用支出的比重和成本管理要求，在上述成本项目的基础上适当增加如“燃料和动力”、“废品损失”、“停工损失”等成本项目。

非制造成本，是指企业在一定会计期间所发生的除产品制造成本以外的生产耗费，又称为期间费用。主要包括销售费用、管理费用、财务费用。

成本按经济用途划分是最基本的分类。按照这种分类，可以了解制造成本的构成情况，对成本计算和确定损益具有重要意义。

二、直接成本和间接成本

成本按其归属性可以分为直接成本与间接成本。

直接成本，是指与某一特定产品之间具有直接联系的成本。它是为某一特定产品所消耗，因而可以直接计入该产品成本。

间接成本，是指与某一特定产品没有直接联系的成本。它是为几种产品所消耗，不能直接计入，需要按适当的标准分配计入各种产品的成本。

因此，从计入成本的方法来看，直接成本与直接费用、间接成本与间接费用是同一概念。

在成本核算实务中，直接成本是根据费用发生的原始凭证直接归集到某种产品的成本，如直接归集的原材料、动力、计件工人工资等。间接成本是指不能根据费用发生的原始凭证直接归集到产品而需要通过分配才能计入某种产品的成本，如几种产品共同耗用的材料、工资、制造费用等。

将生产费用分为直接成本和间接成本，有利于编制成本计划和正确计算产品成本。由于间接成本的分配带有一定的估计成分，为了提高成本计算的准确性，应尽可能扩大直接成本的范围，缩小间接成本，并对间接成本采用尽可能合理的分配标准和分配方法进行分配。

三、总成本与单位成本

在企业的成本会计报告中一般都需要提供总成本和单位成本。只有完工产品或劳务才能计算出总成本和单位成本。

总成本，是指企业生产某种产品或提供某种劳务而发生的总耗费，即在一定时期内为生产和销售所有产品而花费的全部费用。总成本的节约或超支，对于分析成本计划的完成情况具有重要意义。将总成本和单位成本相结合，便能进行全面的成本分析。

单位成本，又称为“平均成本”，是指生产单位产品而平均耗费的成本。通常只需将总成本除以总产量便能得到单位成本。

【例1-2】 祥云服装有限公司制作100套西装的总成本为4万元，每套西装的单位成本就是400元。它们之间的关系式为：

单位成本＝总成本/完工数量

按照上述公式计算每套西装的单位成本为：

单位成本＝40 000元/100套＝400（元/套）

计算分析总成本可以考核企业产品成本计划总的完成情况，而单位成本的高低则可以反映出一个企业的生产水平、管理水平及同类产品的费用水平。因此，计算总成本和单位成本对于分析企业成本管理水平具有重要作用。此外，总成本是企业进行生产决策时要参考的主要内容，单位成本是企业确定商品单位售价的基础。

四、变动成本和固定成本

成本按其与产品产量的关系可以分为变动成本和固定成本。

变动成本，是指在相关范围内随产量的增减而成正比例变动的成本。当产量增加时，变动成本总额也随之成正比例增加；当产量减少时，变动成本总额亦成正比例减少。如直接用于产品生产的原料及主要材料、计件工人工资等。

固定成本，是指在一定产量范围内不受产量增减变动影响的成本。即当产量增加或减少时，固定成本总额不变，但产量超过一定范围时，固定成本也会变动，它具有相对固定的特性。固定成本总额不变，但其单位固定成本则随产量增加而减少，随产量的减少而增加。如生产单位管理人员的工资、固定资产折旧等。

在产品成本的构成项目中，有的项目属于综合成本项目，其构成内容比较复杂，**既有固定成本，又有变动成本，此种成本可称为"半变动成本"**。对于半变动成本一般要采用专门的方法将其分解为固定成本和变动成本，如制造费用。

将成本区分为变动成本和固定成本，有利于寻求降低成本的途径。其中，降低变动成本主要通过降低单位产品的原材料消耗和劳动消耗来实现的，与产量的升降无关。降低固定成本主要通过增加产量，降低单位产品的固定成本和控制固定成本总额支出。这种分类对成本的预测、决策、控制和分析都有重要作用。

此外，成本按其是否与决策相关可以分为相关成本与无关成本；按其可控性可分为可控成本和不可控成本。

第三节　成本会计的职能

一、成本会计的形成和发展

成本会计是会计学的一个重要分支，是随着社会经济的发展而逐步形成和发展起来的。

在早期的工场生产时期，工场在接受顾客的订货时需要事先定价，于是就出现了满足定价需要的估计成本。为了使估计成本接近实际，企业开始用统计的方法来计算生产中发生的直接费用，对于数额不大的间接费用则作为损失来处理。这种极为粗略的匡算为成本计算奠定了基础。

资本主义产业革命完成以后，社会生产力获得了很大的发展。这一时期资本主义国家机器日趋健全，税收制度也逐步完善。国家为了实现对经济的监督和调节功能，督促纳税人及时足额地缴纳税金，要求企业按照公认的会计原则归集、分配和计算产品成本，同时也形成了费用分配、成本计算的一些专门方法。成本计算与复式记账结合，标志着成本会计的形成。这一时期的成本会计以事后的成本计算为重点，这种对成本费用的实际发生额的记录反映和事后核算，在现代成本会计中仍是不可缺少的重要职能，但它仍不能满足社会经济的发展对成本管理提出的新的要求。

20 世纪初，资本主义经济迅速发展，市场竞争日趋激烈。企业为了增强竞争力，在"泰罗制"的推动下，开始将"预算控制"、"标准管理"等科学的管理方法运用于会计，实施标准成本制度，使成本会计在原有的成本计算基础上，增加了事前控制的新内容。把成本会计的领域从事后核算向事前控制推进。

泰罗制

第二次世界大战后，大量的军工企业转产民用产品，战争中发展起来的现代科学技术大规模地应用于生产领域。新技术广泛应用，新产品不断出现，商品供大于求，买方市场正式形成，企业之间的竞争更为激烈。为了在竞争中生存、发展，企业在发展新技术、开发新产品的同时，眼光进一步集中在成本上。企业为了对可能发生的成本进行预测，事先制订出各种成本方案，并从中选出最优方案，作为经营决策的依据。为此，企业要求会计人员不仅要做好生产过程中的成本控制和事后的成本核算和分析工作，更要做好成本的预测和决策，以确定最佳的成本方案，加强事前的成本控制。成本会计的预测职能的形成，标志着成本会计已发展到现代成本会计阶段。

如今，现代成本会计的职能已经发展成为以核算为基础，以控制为手段，包括预测、决策、计划、控制、核算、分析和考核的职能体系。可以说：**现代成本会计是成本核算与生产经营的直接结合，它是运用专门管理技术和方法，以货币为主要计量单位，对生产经营过程中的劳动耗费，进行预测、决策、计划、控制、核算、分析和考核的一系列价值管理活动。**成本会计具有成本预测和成本决策的职能，是现代成本会计区别于以往各个历史时期成本会计的一个重要标志。相对于财务会计和管理会计而言，成本会计主要处理企业获取和消耗资源的成本及相关信息，它的主要任务是向财务会计和管理会计提供必要的数据。

二、成本会计的职能

成本会计的职能是指成本会计在企业的生产经营活动中所能发挥的功能和作用。从成本会计的形成和发展过程可以看出，成本会计的职能也有一个逐步完善的过程。现代成本会计的职能主要有以下七个方面：

（一）成本预测

成本预测是在认真分析企业现有经济技术条件、市场状况及其发展趋势的基础上，根据与成本有关的各种数据，采用一定的专门方法，对企业未来的成本水平及其变化趋势所进行的科学测算。通过成本预测，可以提高企业降低成本的自觉性，减少成本管理的盲目性，有利于寻求降低成本的有效途径，充分挖掘降低产品成本的潜力。成本预测是进行成本决策和编制成本计划的基础。

（二）成本决策

成本决策是根据成本预测提供的数据和其他有关资料，制订出优化成本的各种备选方案，运用决策理论和方法，对各个备选方案进行比较分析，从中选择最优方案确定目标成本的过程。进行成本决策，确定目标成本是编制成本计划的前提，也是实现成本的事前控制、提高经济效益的重要途径。

（三）成本计划

成本计划是在成本预测的基础上，为保证成本决策所确定的目标成本的实现，具体规定在计划期内为完成生产经营任务所应发生的生产耗费和各种产品的成本水平，以及应采取的

具体措施。成本计划一般以书面文件的形式下达各执行部门和单位。成本计划是降低成本的具体目标，也是进行成本控制、成本分析和成本考核的依据。

（四）成本控制

成本控制有广义和狭义之分。**广义的成本控制泛指对整个生产经营活动过程中各种费用的发生进行引导和限制，以达到降低成本、提高效益目的的全部活动**。从成本控制过程来看，包括产品投产前的事前控制、生产过程中的事中控制和费用发生后的事后控制。**事前成本控制**是在企业的扩改建、新产品的设计、老产品的改造等阶段，即在产品投产前所进行的一系列降低成本的活动。**事中成本控制**是指在产品成本的发生过程中，所进行的控制产品成本的活动，包括对原材料采购、生产准备、制造加工直到产品入库整个过程所发生的料工费及其他支出所进行的控制。**事后成本控制**是指在产品成本形成以后所作的分析和考核。这是对过去成本控制的总结。通过总结，揭示问题，找出差距，分析原因，为未来的成本控制指明方向。**狭义的成本控制仅反映事中的成本控制，以成本计划为依据，采用各种有效方法，将各项费用的发生限制在计划控制范围之内，以保证成本计划的顺利执行。**

（五）成本核算

成本核算是指运用各种专门的成本计算方法，按照规定的成本项目，通过费用的归集和分配，计算出各种产品的总成本和单位成本，并进行相应的账务处理。成本核算是成本会计工作的核心。成本核算的过程，既是对产品生产过程中的各种劳动耗费进行如实反映的过程，也是对产品生产过程中各种费用的发生实施控制的过程。通过成本核算提供的资料，可以反映成本计划的完成情况，为编制下期成本计划，进行未来的成本预测和成本决策提供依据。

（六）成本分析

成本分析是按照一定的原则，采用一定的方法，利用成本计划、成本核算和其他有关资料，揭示成本计划完成情况，查明成本升降的原因，控制实际成本的支出，寻求降低成本的途径和方法，以达到用最少的劳动消耗取得最大经济效益的目的的过程。成本分析是成本管理的重要组成部分，其作用是正确评价企业成本计划的执行结果，揭示成本升降变动的原因，为编制成本计划和制定经营决策提供重要依据。

企业在进行成本分析时，需要采用一系列专门方法，将本期实际成本与计划成本、上年同期成本以及国内外同类产品的成本水平进行比较，确定成本差异，分析形成原因。成本分析一般在事后进行，其主要内容包括全部产品成本计划完成情况分析、可比产品成本计划完成情况分析、单位产品成本分析、生产费用预算执行情况分析、主要经济技术指标变动对成本影响的分析、国内外同类产品成本对比分析等。

（七）成本考核

成本考核是在成本分析的基础上定期对成本计划执行情况进行的总结和评价。成本考核要以成本计划的实施者即成本责任的承担者为对象，以其可控成本为界限，来考核其成本指标的完成情况，评价其责任业绩和决定其奖惩，将成本管理的责、权、利紧密结合起来，以便充分调动企业内部各部门、单位以及个人履行经济责任、执行成本计划的积极性。

成本会计的各项职能是相互联系、相互补充的一个有机整体。在这一体系中，成本核算是成本会计最基本、最重要的职能。成本预测、决策、计划必须以过去的成本核算资料为重要依据；成本控制也需依据成本核算提供的各种信息实施控制；成本考核和成本分析更需要成本核算提供成本计划实际完成情况的数据资料。所以，没有成本核算就没有成本会计，没有成本核算职能，也就不存在成本会计的其他职能。中等财经职业学校会计专业教学方案中的会计主干课程是由“财务会计”、“成本会计”、“财务管理”、“管理会计”几门课程组成的，有关成本预测、决策、计划、控制、考核和分析的内容在“财务管理”、“管理会计”等课程中讲述，故本教材仅讲述成本的核算和成本报表分析等内容。

第四节 成本会计工作组织

一、成本会计工作机构和人员

（一）成本会计工作机构

企业的成本会计工作机构，是指在企业中直接从事成本会计工作的职能部门。建立成本会计机构能为搞好成本会计工作提供组织上的保证。由于成本会计工作是企业会计工作的组成部分，因此，企业的成本会计机构应是会计机构的一部分。

在大中型企业，一般应在会计机构中单独设置成本会计科或成本会计股，在总会计师的领导下负责成本会计的各项工作。在规模较小的企业，一般不设立成本会计的专门机构，但应配备专职的成本会计人员负责成本会计工作。成本会计机构的设置应与企业规模的大小、业务的多少和管理的体制相适应。

企业的管理体制有集中和分级两种形式，与之相适应，成本会计也有集中和分级两种组织形式。

集中管理的组织形式，是指厂部的成本会计机构集中处理企业的全部成本会计事务。在这种组织形式下，企业的成本预测、决策、计划、核算、分析和考核集中到厂级会计机构进行，企业内部各单位一般不配备或仅配备兼职的成本核算人员。这种组织形式的优点是厂部成本会计机构可以比较及时地掌握整个企业有关成本的全部信息，便于成本数据的集中处理，还可减少成本会计机构的层次和成本会计人员的数量。不足之处是不便于进行责任成本的核算，也不便于直接从事生产经营活动的各单位和职工及时地掌握本单位的成本信息，不利于调动群众参与成本管理的积极性。

分级管理的组织形式，是指成本会计中的计划、控制、核算和分析等工作，下放到企业内部各单位的成本会计机构或人员进行，成本考核工作由上一级成本会计机构对下一级成本会计机构逐级进行。厂部成本会计机构负责对下一级成本会计机构或人员进行业务上的指导和监督，并对全厂的成本进行综合的计划、控制、分析和考核工作，以及对全厂成本核算进行汇总核算工作。成本的预测和决策工作一般仍由厂部成本会计机构来集中进行。这种组织形式的优点是有利于企业各内部单位增强成本意识，加强成本的控制和核算，但会增加成本会计的机构和人员，从而增加成本核算成本。

（二）成本会计工作人员

成本会计人员是专门从事成本会计工作的专业技术人员。在企业的成本会计机构中，配备一定数量政治素质好、业务能力强的成本会计人员，是做好成本会计工作的决定性因素。成本会计人员应当熟悉并认真执行有关方针、政策和法规，深入生产第一线，了解成本的形成过程，积极参与企业的经营决策，参与制定企业的生产经营计划和各项定额，督促检查企业内部各单位成本计划和有关法规制度的执行情况，充分挖掘企业降低成本的潜力，提出改进企业生产经营管理的合理化建议，促使企业不断降低成本，当好企业负责人的参谋。

二、成本会计的法规和制度

成本会计的法规和制度是会计法规和制度的重要组成部分，是组织、从事成本会计工作必须遵守的规范。与成本会计有关的会计的法规和制度主要包括：

（一）会计法律

主要指《中华人民共和国会计法》。会计法是我国会计工作的基本法，也是从事会计工作、制定其他会计法规的依据。它用法律的形式规定了会计工作的基本目的、会计管理权限、会计责任主体、会计核算和会计监督的基本要求、会计人员和会计机构的职责权限，并对会计法律责任作了详细规定，有利于提高人们对会计工作的认识，保证会计工作的正常、顺利进行，促使会计人员坚持原则、贯彻制度、履行职责、依法办事。

（二）会计行政法规

会计行政法规是指由国务院制定的，用以调整会计关系中有关会计工作的法律规范。主要有《总会计师条例》、《会计专业职务试行条例》以及《企业财务会计报告条例》等。上述会计行政法规是会计法的具体化，是连接会计法和会计规章的桥梁。其中，在会计要素的定义、根据会计原则选择会计方法以及索要财务会计报告的法律依据等问题作了明确的规定。

（三）会计规章

会计规章是由财政部制定的有关会计工作的部门规范。包括会计核算制度（如《企业会计准则》、《企业会计制度》）、会计监督制度（如《会计监督管理办法》）、会计机构会计人员制度（如《会计从业资格管理办法》、《颁发会计人员荣誉证书试行规定》）、会计工作制度（如《会计档案管理办法》、《会计电算化管理办法》、《会计基础工作规范》）等。鉴于会计制度的特殊性质和重要地位，财政部所制定的会计制度得到了《中华人民共和国会计法》的授权，将财政部所制定的会计制度称为国家统一的会计制度，并要求各单位在会计工作中加以遵守。所以，会计规章也可称为国家统一的会计制度。

（四）企业内部成本会计制度和管理办法

企业为了具体规范其内部的成本会计工作，可以根据上述法规和制度，结合本企业生产经营特点和管理要求，制定适合于本企业的成本会计制度、管理办法，如企业在成本会计基础工作中建立的各项规章制度。它是企业成本会计工作人员从事成本会计工作的具体的、直接的依据。

产品成本核算制度

第二章 成本核算的基本要求和一般程序

【学习目的和要求】

- 理解成本核算的基本要求
- 掌握生产费用的分类
- 掌握生产费用要素和成本项目的内容及作用
- 掌握成本核算主要账户设置方法、结构和内容
- 了解成本核算的一般程序

导入案例

王蓉的时装店经过两年的经营，资金有了一定积累。在家人的支持下，她注册成立了蓉依服装厂。王蓉租赁装修厂房、购置设备、招聘专业服装设计师和工人，很快把服装厂办了起来。但由于缺乏资金，以及经营管理等方面欠缺经验，服装厂一度陷入困境，成立不到半年就亏损了二十多万元，王蓉几年来赚的钱血本无归。但倔强的王蓉没有就此低头，经过冷静的思考她认识到，经营失败的原因主要在于企业人员、管理方面的落后以及服装面料陈旧过时。于是她招聘有经验的管理人员，调整进货渠道，并向专家请教成本管理方面的知识。通过学习，王蓉真切地理解了成本管理专家李践博士的那句名言：企业不赢利就是死亡，获取利润最快的速度就是控制成本。她决定从成本核算开始，系统学习成本管理知识。在弄清成本和费用的有关概念后，王蓉想知道的第一个问题就是：成本是怎么算出来的？

在老师的指导下，王蓉明白了要掌握成本核算的第一步，需要懂得成本核算的基本要求和程序。老师还作了一个形象的比喻，如果把企业的经营活动看成是一项竞赛，成本核算的基本要求就是“竞赛规则”，成本核算的一般程序就是“竞赛日程”。

案例解析

成本核算是一个复杂的系统工程。会计人员要想把各种费用开支的资料通过核算形成系统的会计信息，需要经过大量的信息加工处理工作，这些信息处理工作必须符合一

个科学、规范的流程，就像企业加工服装时要经过剪裁、缝纫、开袋、锁眼、钉扣、电脑绣花、验针、成品检验等工序一样，每道工序都是一环扣一环。同样，进行成本核算时，先归集什么，后计算什么，也需要按照成本核算的要求和程序来进行处理。因为成本核算的基本要求是进行成本核算的重要保证，而成本核算的基本程序就规定了进行成本核算的基本步骤。规定成本核算基本要求和程序的目的就是为了得到我们所需要的成本核算信息。

第一节　成本核算的基本要求

一、坚持成本核算原则

企业要正确计算产品成本，提供真实可靠的成本信息，应当遵循以下成本核算原则：

第一，**实际成本计价原则**。企业应按实际成本进行成本核算。以实际成本为基础的成本核算，要求企业按照实际发生的支出进行成本、费用的归集和计算。实际成本以账面数据为依据，一般具有客观性。在核算过程中，若采用定额成本或计划成本方法的，必须合理计算成本差异，月末编制财务会计报表时应调整为实际成本。

第二，**定期核算原则**。成本核算应当定期进行，核算期一般以月为单位。各月完工产品成本核算时间应一致，以保证各期成本的可比性。对于跨期生产而月末尚未完工的产品，也应按月归集生产费用，计算生产成本。

第三，**权责发生制原则**。企业在生产过程中发生的各项费用是否计入生产成本，应按权责发生制予以确认。

知识链接

权责发生制：指会计核算中确定本期收益和费用的方法。即凡属本期的收入，不论款项是否收到，均作为本期收入处理；不属本期的收入，即使本期收到的款项也只作为预收款项处理，而不作为本期收入。凡属本期的费用，不论款项是否支出，均作为本期费用处理；不属本期的费用，即使在本期支出，也只能作为预付款项处理，不能列入本期费用。

权责发生制原则在企业会计处理中处处可见。如本期销售一批产品，只要确认为收入，即使期末货款尚未收到，在会计处理上仍应将其作为本期营业收入；又如，企业加工产品的固定资产使用期限较长，通常在一年以上。尽管在本期尚未毁损，不必更新，但按权责发生制原则，企业应当按月计提折旧并计入本期有关的费用和成本。

第四，**一贯性原则**。企业应根据生产类型特点及成本管理要求确定成本计算方法，一经确定不得随意变动。在成本计算过程中，间接费用的分配方法也应保持相对稳定。

二、明确成本开支范围

成本开支范围是成本核算的重要依据。企业在成本核算过程中，要严格执行国家规定的成本开支范围，分清应计入产品成本和不应计入产品成本的费用界限。

成本开支范围主要包括：

第一，产品生产过程中实际消耗的各种原材料、辅助材料、外购半成品、燃料、动力、包装物等物料的实际成本；

第二，产品生产过程中因使用固定资产所发生的折旧费、修理费、租赁费等；

第三，产品生产过程中因使用周转材料和无形资产所发生的摊销费；

第四，生产工人的工资、奖金、补贴、津贴和按规定比例提取的福利费，以及“五险一金”等；

第五，企业在生产过程中所发生的各项间接费用等；

第六，其他与产品生产有关并应计入产品成本的费用。

企业为购置和建造固定资产、购入无形资产和其他资产的支出，对外投资的支出，被没收的财物，各种罚款、赞助、捐赠支出以及国家规定不得列入生产成本的其他支出，不能计入成本开支范围。

三、做好成本核算基础工作

（一）建立健全企业成本核算制度

为了规范企业的成本核算工作，加强成本管理及控制，企业应依据《中华人民共和国会计法》、《企业会计准则》以及企业会计制度等有关法规，结合本企业产品生产经营的特点，制定企业的成本核算制度，如原始记录制度、定额管理制度、材料物资管理制度、内部结算制度、成本会计人员岗位责任考核制等。企业的成本核算制度应明确成本核算目的，规范成本核算会计科目和核算内容，尤其是明细科目的设置及具体核算内容，确定适用的成本计算方法等。

（二）做好定额资料的制定和修订工作

产品的各项消耗定额，既是编制成本计划、分析和考核成本水平的依据，也是审核和控制成本的标准。在计算产品成本时，产品的原材料消耗定额和工时定额是分配实际费用的标准。因此，为了加强生产管理和成本管理，企业必须建立和健全定额管理制度，凡具备定额管理能力的企业，都应制定科学、合理、切实可行的消耗定额标准，并随着企业科技水平的发展、生产技术的进步、劳动生产率的提高，不断修订消耗定额，以充分发挥其应有的作用。

（三）建立健全存货收发领退存的计量和记录工作

做好存货收发领退存的计量和记录工作是加强成本管理、正确计算产品成本的重要前提。为此，企业应严格实施物料保管制度、计量制度，做好存货收发领退存的原始记录，建立健全在产品、产成品、库存商品保管、移交、传递制度，库存材料应定期清查、盘点，做到账物相符，避免差错和霉烂变质，防止积压浪费和贪污盗窃，以保护财产的安全。

（四）正确确定财产物资的计价和价值结转方法

企业的财产物资是生产资料，也是准费用、准成本，其价值将随着消耗转移到产品成本或费用中去。因此，财产物资的计价方法和价值转移方法，是影响产品成本准确性的重要因素。这些方法包括固定资产原值计算方法、固定资产折旧的计算方法、固定资产与低值易耗品的划分标准、低值易耗品和包装物的摊销方法、材料采购成本的构成内容及发出材料的计价方法等。为正确计算产品成本，对于各种财产物资的计价和价值转移，以及各种费用的分配，都应规定科学、合理、简便易行的方法，一经确定，应保持相对稳定，不得任意改变。

四、划清成本费用界限

为了做好成本核算工作，正确计算产品成本，应当**正确划分生产过程中各种费用的界限。**

（一）正确划分经营性支出与非经营性支出的界限

企业的经营活动包括生产经营活动和非生产经营活动。在进行成本核算前，必须将生产经营活动和非生产经营活动区分开。因为**只有生产经营活动所发生的支出才能计入成本，非生产经营活动所发生的支出则不能计入成本。**正确划分经营性支出与非经营性支出的界限是正确计算企业成本费用和各期损益的重要基础。

知识链接

生产经营性支出：是指为生产产品和提供工业性劳务所发生的支出。如某电视机厂为生产电视机所发生的材料费、人工费、折旧费等；某运输公司为客户提供运输服务所发生的汽油费、过路费、驾驶员工资以及运输工具的折旧费等均为生产经营性支出。

（二）正确划分成本支出与期间费用的界限

我国企业产品生产成本核算一般实行“制造成本法”。制造成本法的产品成本包括产品生产中所耗费的生产费用，不包括期间费用。

期间费用是企业管理部门为组织、管理企业的生产经营活动以及为进行产品销售等而发生的费用，包括管理费用、销售费用、财务费用。期间费用是发生在产品制造过程之外的费用，与企业产品生产过程没有直接联系，不应或不便于直接计入产品生产成本，但其发生与企业当期的生产经营管理活动有关，应直接计入当期损益。

（三）正确划分各个会计期间的费用界限

为了按期考核和分析产品成本计划的完成情况，核算财务成果，企业一般应按月结算费用，计算产品成本。对于应计入产品成本的费用，必须分清是由本期产品成本负担，还是应由以后各期产品成本负担。凡应由本期产品成本负担的费用，应全部计入本期产品成本；对于本月支付或发生，但属于本月及以后各月受益的生产费用，应列作“短期预付费用”或“长期预付费用”，然后按受益期分配计入各月的成本、费用；对于本月虽未支付或发生，但应由本月负担的生产费用，须通过预提的方式计入本月成本、费用。对于非本期的成本、费用，要防止利用跨期摊配的方法任意调节各期产品成本的错误做法。

（四）正确划分各种产品的费用界限

为了正确计算各种产品成本，企业必须将应由本期产品成本负担的生产费用，在各种产品之间进行分配。对于凡能分清应由某种产品成本负担的生产费用，应根据有关原始凭证直接计入该种产品的成本；不能分清由哪种产品负担的费用，应采用适当方法加以分配后再计入各种产品成本。同时，还应注意划清可比产品与不可比产品、盈利产品与亏损产品的费用界限。要坚决制止在可比产品与不可比产品之间、盈利产品与亏损产品之间任意增减费用，借以掩盖成本超支或以盈补亏、弄作虚假的错误做法，确保各种产品成本的真实性。

（五）正确划分完工产品与月末在产品的费用界限

企业在月末将各项费用计入各种产品成本之后，还应当采用适当的分配方法将生产费用在完工产品与月末在产品之间进行分配，以便正确计算完工产品成本和月末在产品成本。分配的方法既要科学合理，又要简便易行，不得任意提高或压低月末在产品成本，防止出现人为调节完工产品成本水平的情况。

生产成本费用界限的划分过程，也是产品成本的计算过程。成本费用界限的划分应贯彻受益原则，即谁受益谁负担，何时受益何时负担，负担多少应与受益程度成正比，只有这样才能较好地保证成本计算的准确、真实。

费用界限划分

成本核算中各种费用界限的关系见图 2－1。

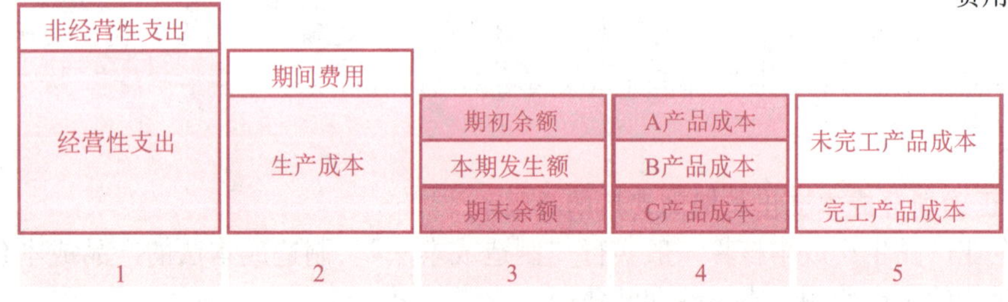

图 2－1

第二节　成本核算的一般程序

一、成本核算的一般程序

成本核算程序

企业产品成本核算的过程也是生产费用的归集和分配过程，根据生产费用的分类和生产成本核算的基本要求，其产品成本核算的一般程序是：

（一）按成本开支范围审核各项费用应否计入产品成本

企业应按照国家有关制度、规定和企业的费用计划、定额，对费用的发生进行严格的审核和控制。对于成本费用开支的规定和制造成本法的成本内容，应划清哪些费用应计入产品成本，哪些费用应由其他资金渠道开支或应当作为期间费用直接计入当期损益，不得将不应计入产品成本的费用计入产品成本。同时，还应当按照会计分期原则和权责发生制原则，划清应计入本期成本和不应计入本期成本的费用界限。

（二）将应计入本期产品成本的费用在各种产品间进行分配

企业应根据领料单、退料单、工资结算单等有关会计凭证，将发生的各项生产费用，按照经济用途进行归集分配，将其中应计入当月产品成本的生产费用，计入各种产品成本中有关的成本项目。

（三）将归集的生产费用在完工产品与月末在产品之间进行分配

按照上述各个步骤，企业可以把各个会计期间为生产某一特定产品所发生的生产费用归集汇总到生产成本明细账中，但在会计期末还必须将归集汇总的生产费用在本期完工产品和月末在产品之间进行分配，以便计算出完工产品总成本和单位成本。通常，若产品全部制造完工，则其所发生的全部生产费用都应计入完工产品成本；若产品全部未完工，则其所发生的全部生产费用就都为在产品成本。上述这两种情况，不存在生产费用在完工产品和期末在产品之间分配的问题。但若本期既有完工产品又有期末在产品，就需采用一定的方法将归集在各“基本生产成本”明细账中的生产费用，在其完工产品和期末在产品之间进行分配（如图2－2所示）。

图2－2 成本核算流程

二、成本核算的账户设置

为了正确、科学地进行产品成本核算，企业应将产品成本计算与会计账簿组织有机结合起来，通过设置和运用成本核算账户，并在账户中按照生产费用的经济用途归集和分配费用，计算产品成本。根据《企业会计准则》的规定，以及企业生产费用核算和产品成本计算的需要，一般应设置以下账户：

（一）“生产成本”账户

核算内容：本账户核算企业进行工业性生产发生的各项生产成本，包括生产各种产品（产成品、自制半成品等）、自制材料、自制工具、自制设备等。

账户性质：本账户属成本类账户。

账户结构：企业为加工产品和提供劳务所发生的各项生产费用，借记本账户，贷记“原材料”、“库存现金”、“银行存款”、“应付职工薪酬”等账户。

各生产车间应负担的制造费用，借记本账户，贷记“制造费用”账户。

企业应分别核算基本生产成本和辅助生产成本。

企业已经生产完成并已验收入库的产成品以及入库的自制半成品，应于期（月）末，借记“库存商品”等账户，贷记“生产成本”（基本生产成本）。

辅助生产车间为基本生产车间、企业管理部门和其他部门提供的劳务和产品，期（月）末按照一定的分配标准分配给各受益对象，借记“生产成本”（基本生产成本）、“管理费用”、“销售费用”、“其他业务成本”、“在建工程”等账户，贷记“生产成本”（辅助生产成本）账户。

明细核算：本账户可按基本生产成本和辅助生产成本分别进行明细核算。为了分别核算基本生产和辅助生产成本，企业应在“生产成本”账户下设置“基本生产成本”和“辅助生产成本”两个二级明细账户，并分别按成本计算对象（产品品种、类别、批别或劳务名称）设置三级明细账，在明细账中按成本项目设专栏进行明细核算。

基本生产车间：产品加工　　辅助生产车间：修理、供电、供水

在实际工作中，企业也可以根据核算的需要，将“基本生产成本”和“辅助生产成本”两个二级明细账户设置成“基本生产”和“辅助生产”两个一级账户进行核算。

知识链接

基本生产：是指企业的商品产品生产活动，如电视机厂为加工电视机而进行的生产。从事基本生产的车间称为基本生产车间。

辅助生产：是指企业内部为基本生产活动提供产品和劳务的生产活动，如设备维修、发电、供水等。从事辅助生产的车间称为辅助生产车间。如企业内的修理车间、供电车间等。

（二）“制造费用”账户

核算内容：本账户用来核算企业的生产单位（车间或分厂）为组织和管理生产而发生的各项间接费用。企业行政管理部门为组织和管理生产经营活动而发生的管理费用，应作为期间费用，记入“管理费用”账户，不在该账户核算。

账户性质：本账户属成本类账户。

账户结构：企业发生的制造费用，借记本账户，贷记“原材料”、“银行存款”、“其他应付款”、“应付职工薪酬”、“累计折旧”等账户；月终，应按企业成本核算办法的有关规定，分配计入有关的成本核算对象，借记“生产成本（基本生产成本、辅助生产成本）”账户，贷记该账户。该账户除季节性生产企业外，月末应无余额。

明细核算：账户应按不同的车间、部门设置明细账，并按费用的项目进行明细核算。

（三）“劳务成本”账户

核算内容：本账户核算企业对外提供劳务所发生的成本。企业接受的建造合同劳务所发生的成本，不在该账户核算。

账户性质：本账户属于成本类账户。

账户结构：企业发生的各项劳务成本，借记本账户，贷记“银行存款”、“应付职工薪酬”、“原材料”等账户，结转完成劳务的成本，借记“主营业务成本”、“其他业务支出”账户，贷记本账户。

该账户期末借方余额反映尚未完成劳务的成本，或尚未结转的劳务成本。

明细核算：本账户应按接受劳务种类设置明细账进行明细核算。

（四）“长期待摊费用”账户

核算内容：本账户用来核算企业已经支出、但摊销期限在一年以上（不含一年）的各项费用，包括固定资产大修理支出、经营租入固定资产的改建支出以及摊销期限在一年以上的其他待摊费用。企业实际发生的固定资产大修理支出应在大修理间隔期内平均摊销；经营租入固定资产改建支出应当在租赁期限与租赁资产尚可使用年限两者孰短的期限内平均摊销；其他长期待摊费用应当在受益期内平均摊销。企业在筹建期间发生的费用，包括人员工资、办公费、培训费、差旅费、印刷费、注册登记费以及不计入固定资产的借款费用等，应当在开始生产经营的当月起一次计入开始生产经营当月的损益。

账户性质：本账户属资产类账户。

账户结构：企业发生的长期待摊费用，借记本账户，贷记有关账户。摊销时，借记“制造费用”、“销售费用”、“管理费用”等账户，贷记本账户。企业发生摊销期在一年以上的固定资产大修理支出、租入固定资产的改建支出和其他递延费用时，借记本账户，贷记有关账户；摊销时，借记“制造费用”、“管理费用”等账户，贷记本账户。本账户的借方余额为尚待摊销的各项长期待摊费用的摊余价值。

明细核算：本账户应按照费用的种类设置明细账进行明细核算，并在会计报表附注中按照费用项目披露其摊余价值、摊销期限和摊销方式。

（五）“废品损失”账户

核算内容：本账户用来归集和分配企业发生的废品损失费用。

账户结构：企业发生废品损失（包括可修复废品的修复费用和不可修复废品的已耗成本）时，借记该账户；废品残料的回收价值和应向责任人索赔的赔款及分配转出的废品净损失，记入该账户的贷方；该账户月末一般无余额。

明细核算：本账户应按车间设置明细账，账内按产品品种分设专户，并按成本项目设专栏进行明细核算。

（六）“停工损失”账户

核算内容：本账户用来归集和分配企业发生的停工损失费用。

账户结构：企业发生停工损失时，借记本账户；应收赔款、应计入营业外支出的损失以及分配转出停工损失，记入本账户的贷方；本账户一般月末无余额。

明细核算：本账户应按车间设明细账，账内按产品品种设专户，并按成本项目设专栏进行明细核算。

对于不需要单独核算废品损失和停工损失的企业，也可以不单独设置“废品损失”和“停工损失”账户。具体方法见本书第四章第四节中的有关内容。

企业生产成本核算账务处理及各生产成本核算账户间的相互关系如图 2－3 所示。

图 2－3 各步骤成本核算内容说明：

①归集分配各项要素费用；

②分配结转长期待摊费用；

③分配结转辅助生产车间制造费用；

④分配结转辅助生产费用；

⑤分配结转基本生产车间制造费用；

⑥结转完工产品成本。

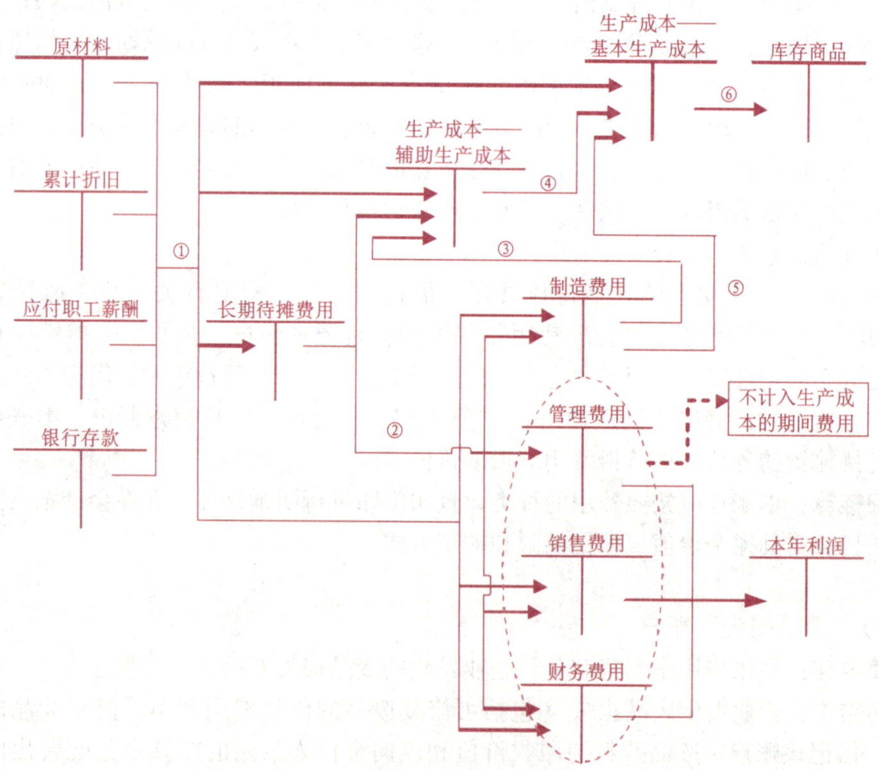

图 2－3　生产成本核算及账户间相互关系

注：图中第③步系因为辅助生产车间发生的制造费用单设“制造费用”账户而造成的。具体做法及有关规定请参考本书第四章第二节相关内容。

第三章
要素费用的核算

【学习目的和要求】

- 理解和掌握直接费用和间接费用的分配方法
- 掌握材料费用的分配和核算方法
- 掌握计时工资、计件工资的计算方法
- 掌握职工薪酬的分配和计算方法
- 掌握折旧费用的分配方法

导入案例

自从学习了成本核算知识后，王蓉对厂里与成本有关的事情都非常关注。一天，当缝纫车间材料员小周拿着几块边角余料来到她的办公桌前，告诉她这些材料都是裁剪下来的废料时，她感到了问题的严重性。新聘来的设计师虽然设计水平高，但对材料的利用和面料的选择过于追求设计感，排料时没有精打细算。于是王蓉把设计师、市场部经理和生产部经理都请到办公室，一起商量材料问题，经过反复讨论，这件事很快得到了解决。另外，王蓉还叮嘱生产部经理要妥善处理工人的加班问题，要求没有特别急的订单不得加班。因为从以往的情况看，加班一是易出次品和废品，二是会增加人工成本。

案例解析

王蓉在工作中遇到的材料问题和工人加班问题，正是我们将在本章学习的要素费用问题。要素费用是产品生产成本的主要组成部分，也是生产费用按其经济内容进行的分类，主要包括材料费、燃料费、动力费、折旧费、职工薪酬、利息及税金等其他支出。本章将介绍除利息及税金等其他支出外的各项要素费用归集和分配的核算。

第一节　材料费用的核算

一、材料费用的内容

要素费用的分配原则

材料费用，是指产品生产过程中耗用的、构成产品实体或有助于产品形成的各种材料物资的货币表现，包括产品生产过程中耗用的原料及主要材料、辅助材料、外购半成品、燃料、动力、包装物等材料费用。

（1）**原料及主要材料**，是指直接用于产品生产、构成产品实体的各种原料和材料，如炼油用的原油、纺纱用的原棉、服装用的布料等。

（2）**辅助材料**，是指直接用于产品生产或有助于产品形成但不构成产品实体的各种材料，如防锈剂、润滑油、染料、油漆、线、钮扣等。

（3）**外购半成品**，是指从外单位购入需经本企业继续加工或装配，构成产品实体的各种材料，如织布厂外购的棉纱、轧钢厂外购的钢锭、汽车制造厂外购的轮胎等。

（4）**燃料**，是指生产过程中用于燃烧、发热等用途的各种材料，包括固体燃料（如焦碳、煤）、液体燃料（如汽油、柴油）、气体燃料（如天然气、煤气）等。

（5）**动力**，是指在生产过程中耗用的电力、热力等。

（6）**包装物**，是指包装本企业产品，并随同产品一起出租、出借、出售给购货单位的各种包装容器，如包装产品的桶、箱、瓶、坛、罐等。

（7）**低值易耗品**，是指单位价值较低或容易损耗、不能列做固定资产的各种物品，如各种工具、管理用具、玻璃器皿以及在生产过程中周转使用的包装容器等。

知识链接

如何设置材料明细分类账户

企业产品生产过程中耗用的材料种类繁多、情况复杂，若全部进行明细分类核算既不可能也无必要。各种材料的核算是否需要设置明细分类账户，应视企业材料管理要求而定。通常，对于在加工的产品生产成本中所占比重大的材料需要进行明细分类核算，反之则可只进行总分类核算。

例如，家具制造企业一般将构成产品实体的木材类材料在“原材料”所属的“原料及主要材料”中核算，在“原料及主要材料”中又分别按“原木”、“板材”、“层板”等各种材料的规格、型号进行明细分类核算。

二、材料费用的归集和分配

企业在进行材料费用核算时，可以按实际成本计价，也可以按计划成本计价。如果采用计划成本计价核算，材料的收、发、存都应按计划价格核算，并计算材料成本差异，以便将材料的计划成本调整为实际成本。

（一）原材料费用的归集和分配

原材料费用的归集和分配，是将生产过程中领用的原材料，按照“谁受益，谁负担”的原则，结合费用发生的地点和经济用途，将其归集分配到有关成本、费用账户及所属各明细账的有关成本项目中。具体方法有直接计入和间接计入两种：

1. 原材料费用直接计入产品成本的核算

企业在生产过程中领用的原材料，凡能根据领料凭证直接确定其被某一种产品耗用的，可在月末时直接根据领料凭证（汇总表）编制“原材料发出汇总表”（见表3－1），并据以登记有关生产成本账户及所属明细账的“直接材料”成本项目。

表3－1　　原材料发出汇总表

××年8月　　单位：元

领用单位及用途	原料及主要材料	辅助材料	燃　料	合　计
一车间——甲产品	28 970	10 800	5 500	45 270
——乙产品	11 420	3 500	2 300	17 220
二车间——丙产品	66 500	18 600	4 700	89 800
合　计	106 890	32 900	12 500	152 290

2. 原材料费用间接计入产品成本的核算

企业在生产过程中，如果某种原材料同时用于两种及以上的产品，该材料就只能采取间接计入的方式计入有关产品的成本。对于几种产品共同耗用的原材料，应采用简便、合理的方法在各种产品之间进行分配。常用的方法有定额消耗量比例法、定额成本比例法和产品产量（重量）比例法等。

（1）定额消耗量比例法。**定额消耗量比例法**是指以原材料定额消耗量为分配标准进行分配的方法。**消耗定额**又称单位产品定额消耗量，是指生产单位产品平均消耗某种材料的数量限额；**定额消耗量**是指一定产量的产品按照消耗定额计算的材料耗用数量。如服装厂每做1件西装的布料消耗定额为1米，做10件西装的布料定额消耗量就是10米。按原材料定额消耗量比例分配材料费用的计算公式如下：

$$\text{原材料定额消耗总量} = \sum(\text{产品实际产量} \times \text{单位消耗定额})$$

$$\text{原材料费用分配率} = \frac{\text{应分配的原材料费用}}{\text{材料定额消耗总量}}$$

$$\text{某产品应分配的原材料费用} = \text{该种产品原材料定额消耗量} \times \text{原材料费用分配率}$$

【例3－1】　宏发服装厂基本生产车间生产ZK1、ZK2两种产品，共同耗用A材料

64 000 元，本月产量及单位消耗定额资料如表 3－2 所示，根据上述公式计算出 ZK1、ZK2 产品应负担的 A 材料费用。

表 3－2　　甲、乙产品产量及材料定额资料

产品名称	产量（件）	单位消耗定额（千克/件）	定额消耗量（千克）
ZK1	298	50	14 900
ZK2	110	10	1 100
合　计			16 000

根据上述计算公式，A 材料分配如下：

A 材料定额消耗总量 = ∑（产品实际产量 × 单位消耗定额）

= (298 × 50) + (110 × 10) = 16 000（千克）

$$A\text{ 材料费用分配率} = \frac{\text{应分配的 A 材料费用}}{\text{A 材料定额消耗总量}}$$

= 64 000 ÷ 16 000 = 4

ZK1 产品应负担的 A 材料费用 = ZK1 产品 A 材料定额消耗量 × A 材料费用分配率

= 14 900 × 4 = 59 600（元）

ZK2 产品应负担的 A 材料费用 = ZK2 产品 A 材料定额消耗量 × A 材料费用分配率

= 1 100 × 4 = 4 400（元）

根据计算结果编制原材料费用分配表（见表 3－3）。

表 3－3　　原材料费用分配表

××年 8 月

产品名称	产量（件）	单位消耗定额（千克/件）	定额消耗量（千克）	分配率（元/千克）	分配额（元）
	(1)	(2)	(3) = (1) × (2)	(4) = (5) ÷ (3)	(5) = (3) × (4)
ZK1	298	50	14 900		59 600
ZK2	110	10	1 100		4 400
合　计	—	—	16 000	4	64 000

原材料费用分配表是企业登记有关总账和明细账的原始凭证，在成本核算过程中，原材料费用分配表登记“生产成本”和“原材料”总账及所属明细账。如表 3－4 第 5 栏中对应于 ZK1、ZK2 产品的金额（59 600、4 400）记入有关“生产成本”账户的借方，对应于合计栏的金额（64 000）记入“原材料”及所属 A 材料明细账户的贷方。

（2）定额成本比例法。**定额成本比例法是以原材料的定额成本作为分配标准进行材料费用分配的方法**。其计算公式如下：

原材料定额成本总额 = ∑（产品产量 × 单位消耗量 × 计划单价）

$$原材料费用分配率=\frac{应分配的原材料费用}{原材料定额成本总额}$$

$$\begin{matrix}某产品应分配\\的原材料费用\end{matrix}=该种产品原材料定额成本\times原材料费用分配率$$

【例3-2】 承例3-1，宏发服装厂的A种材料计划单价3.2元，采用定额成本比例法进行材料费用的分配。根据计算公式，计算结果如下：

ZK1产品A种材料单位消耗定额=50×3.2=160（元/件）

ZK2产品A种材料单位消耗定额=10×3.2=32（元/件）

ZK1产品A种材料定额成本=298×160=47 680（元）

ZK2产品A种材料定额成本=110×32=3 520（元）

ZK1、ZK2产品定额成本总额=47 680+3 520=51 200（元）

A材料费用分配率=64 000÷51 200=1.25

ZK1产品应分配的A材料费用=47 680×1.25=59 600（元）

ZK2产品应分配的A材料费用=3 520×1.25=4 400（元）

ZK1、ZK2产品材料费用合计=59 600+4 400=64 000（元）

根据计算结果编制“原材料费用分配表”（见表3-4）。

表3-4 **原材料费用分配表**

××年8月

产品名称	产量（件）	单位消耗定额（千克/件）	计划单价（元/千克）	单位定额成本（元/件）	定额成本（元）	分配率	分配额（元）
	(1)	(2)	(3)	(4)=(2)×(3)	(5)=(1)×(4)	(6)	(7)
ZK1	298	50	3.2	160	47 680		59 600
ZK2	110	10	3.2	32	3 520		4 400
合　计	—	—	—	—	51 200	1.25	64 000

由此看出，上述分配方法的共同特点是：先确定应分配的原材料费用的承担者（ZK1、ZK2产品），以及费用分配标准（材料的定额消耗量或定额成本），然后计算出费用分配率，最后按费用分配率和各费用承担者的分配标准，就可分别计算出各种产品应负担的原材料费用。不同之处是二者分别采用了不同的分配标准，如定额消耗量比例法是以各种产品的定额消耗量作为分配标准，而定额成本比例法以定额成本作为分配标准。

在实际工作中，原材料费用的归集和分配是根据当月审核、归类后的领、退料凭证及有关的资料（其中退料凭证中的数额应从相应的领料凭证的数额中扣除），按照原材料费用发生的地点和用途，汇总编制“原材料费用分配汇总表”后，再据以编制会计分录。

【例3-3】 承例3-2，宏发服装厂基本生产一车间生产ZK1、ZK2两种产品，二车间生产GS1产品，另设有机修、供电两个辅助生产车间以及企业管理部门。月末该厂根据本月审核、归类后的领、退料凭证及有关的资料，“编制原材料费用分配汇总表”（见表3-5）。

表3-5　　原材料费用分配汇总表

××年8月

用　途	产量（件）	单位消耗定额（千克/件）	共同耗用的材料费用			直接分配的材料费用（元）	合　计（元）
			定额消耗量（千克）	分配率（元/千克）	分配额（元）		
ZK1	298	50	14 900		59 600	41 600	101 200
ZK2	110	10	1 100		4 400	3 200	7 600
小　计	—	—	16 000	4	64 000	44 800	108 800
GS1						70 150	70 150
一车间（一般用）						9 400	9 400
二车间（一般用）						4 800	4 800
机修车间（生产用）						15 500	15 500
机修车间（一般用）						550	550
供电车间（生产用）						3 100	3 100
供电车间（一般用）						530	530
企业管理部门						14 940	14 940
合　计	—	—	—	—	64 000	163 770	227 770

注：表3-6中各车间“一般用”材料是指车间用于组织管理生产而应计入该车间制造费用的材料费用，“生产用”材料是指用于该车间生产产品或劳务而应计入其生产成本的材料费用。如供电车间“生产用”材料3 100元应记入“生产成本——辅助生产成本（供电车间）”账户借方，一般用材料530元应记入“制造费用——供电车间”账户借方。

根据原材料费用分配汇总表（见表3-5），账务处理如下：

借：生产成本——基本生产成本（ZK1）　101 200
　　　　　——基本生产成本（ZK2）　7 600
　　　　　——基本生产成本（GS1）　70 150
　　生产成本——辅助生产成本（机修车间）　15 500
　　生产成本——辅助生产成本（供电车间）　3 100
　　制造费用——一车间　9 400
　　　　　——二车间　4 800
　　　　　——机修车间　550
　　　　　——供电车间　530
　　管理费用　14 940
　　贷：原材料　227 770

（3）产品产量（重量）比例分配法。产品产量（重量）比例分配法是以产品产量或重量作为分配标准，分配原材料费用的一种方法。这种方法一般在产品所耗用材料的多少与产品产量有着密切关系，并且各种产品单位耗用材料重量标准基本一致的情况下才能采用，否则就缺乏合理性。

按产品产量比例分配法分配材料费用的计算公式如下：

原材料费用分配率＝应分配的原材料费用总额/各种产品实际产量之和

某种产品应分配的原材料费用＝该种产品实际产量×原材料费用分配率

【例 3-4】 承例 3-1，若宏发服装厂 ZK1、ZK2 两种产品的原材料费用分配采用产品产量比例分配法，则计算结果如下：

材料费用分配率 = 64 000 ÷ (298 + 110) = 156.86

ZK1 应分配的材料费用 = 298 × 156.86 = 46 744.28（元）

ZK2 应分配的材料费用 = 64 000 − 46 744.28 = 17 254.72（元）

其分配结果见表 3-6。

表 3-6　　材料费用分配表

产品名称	产品实际产量（件）	分配率（元/件）	分配额（元）
ZK1	298		46 744.28
ZK2	110		17 254.72
小计	408	156.86	64 000

（二）动力费的归集和分配

企业的动力（电、蒸汽、天然气等）包括外购动力和自制动力。外购或自制动力在生产过程中有多种用途，有的直接用于产品生产工艺过程，如服装厂的裁剪、缝纫、检验机器动力等；有的用于生产组织、管理工作，如照明、取暖等。对于产品生产工艺过程耗用的动力，应根据耗用情况计入相应的产品生产成本；对于生产车间和企业管理部门为组织、管理生产耗用的动力，应分别记入“制造费用”和“管理费用”账户。

1. 直接分配动力费用的核算

企业耗用的动力一般可用仪器、仪表来计量。对于有条件根据仪器、仪表确定各部门、各种产品的实际耗用量的企业，可直接根据计量的数量乘以单价得到各部门、各种产品应负担的动力费用。企业的辅助生产车间提供的自制动力，其单价决定于辅助生产费用分配的方法，将在本书第 4 章讲述。

【例 3-5】 宏发服装厂本月耗用外购电力（扣除线路损耗后）共计 128 500 元，根据各部门、车间的电表计量统计结果，编制“动力费用分配表”（见表 3-7）。

表 3-7　　动力费用分配表

××年 8 月　　单位：元

用　　途	耗用量（度）	单　　价	金　　额
ZK1 产品	16 400		32 800
ZK2 产品	11 840		23 680
GS1 产品	17 280		34 560
一车间（一般用）	4 400		8 800
二车间（一般用）	4 080		8 160
机修车间			
（生产用）	2 400		4 800
（一般用）	3 000		6 000
供电车间（一般用）	1 250		2 500
企业管理部门	3 600		7 200
合　　计	64 250	2	128 500

根据“动力费用分配表”，账务处理如下：

借：生产成本——基本生产成本（ZK1 产品） 32 800
　　　　　——基本生产成本（ZK2 产品） 23 680
　　　　　——基本生产成本（GS1 产品） 34 560
　　制造费用——一车间 8 800
　　　　　——二车间 8 160
　　　　　——机修车间 6 000
　　　　　——供电车间 2 500
　　生产成本——辅助生产成本（机修） 4 800
　　管理费用 7 200
　　贷：应付账款——供电局 128 500

由于电费（及水费）都是先使用后结算（一个月结算一次、两个月结算一次或一个季度结算一次），所以企业每月末分配水电费时，都是先记入“应付账款”账户贷方，等实际结算时再根据实际付款额冲减该账户。实际付款额和分配额出现的差额（一般不大），在付款时一般做调增或调减“管理费用”处理。

2. 间接分配动力费用的核算

企业若无可靠的计量仪器、仪表确认动力耗用量，不能直接根据计量仪器测定各种产品的耗用量，则需按产量或其他分配标准，采用一定的分配方法（如定额比例法等）进行分配。常用的分配标准有机器工时、马力工时和定额消耗量等。计算公式如下：

$$某种产品应负担的动力费=\frac{该产品机器工时数}{（或马力工时数）}\times分配率\times单价$$

$$动力费用分配率=\frac{各种产品共同耗用动力总量}{各种产品机器工时（或马力工时）总数}$$

【例3－6】 南岭纺织设备制造厂一车间甲、乙产品共同耗用外购动力3万度，单价为2元，其中甲产品机器工时为3 000小时，乙产品机器工时为2 000小时，代入上列公式计算如下：

动力费分配率＝30 000÷5 000＝6

甲产品动力耗用量＝3 000×6＝18 000（度）

乙产品动力耗用量＝2 000×6＝12 000（度）

甲产品应负担的动力费＝18 000×2＝36 000（元）

乙产品应负担的动力费＝12 000×2＝24 000（元）

根据上述计算结果编制动力费用分配表（见表3－8）。

表3－8　　动力费用分配表

××年8月　　单位：元

用　途	外购动力				
	机器工时	分配率	共同耗用量（度）	单价	应分配金额
甲产品	3 000		18 000		36 000
乙产品	2 000		12 000		24 000
合　计	5 000	6	30 000	2	60 000

企业在生产工艺过程中消耗的动力和燃料，若在管理上需单独考核，可计入产品成本的“燃料及动力”成本项目，若不需单独考核，则应计入“直接材料”成本项目。

（三）周转材料的摊销

周转材料的实质和管理特点。**周转材料，是指企业能够多次使用、逐渐转移其价值但仍保持原有形态不确认为固定资产的材料**，如包装物和低值易耗品。

1. “周转材料”账户设置

账户性质：本账户属资产类账户。

核算内容：本账户用于核算企业周转材料的计划成本或实际成本，包括包装物、低值易耗品，以及企业（建造承包商）的钢模板、木模板、脚手架等。对于包装物、低值易耗品数量较多的企业，也可以单独设置“包装物”、“低值易耗品”账户；对于包装物、低值易耗品数量较少的企业，也可不单独设置“周转材料”账户，可将其并入“原材料”账户核算。

周转材料采用计划成本进行日常核算的，领用等发出周转材料时，还应同时结转应分摊的成本差异。本账户期末借方余额，反映企业在库周转材料的计划成本或实际成本以及在用周转材料的摊余价值。

明细核算：周转材料可按其种类，分别“在库”、“在用”和“摊销”进行明细核算。

下面以低值易耗品为例说明周转材料的核算方法。

2. 低值易耗品的核算

（1）低值易耗品摊销核算的特点。**低值易耗品是指价值低、使用周期短、不能作为固定资产的各种用具物品**，如生产工具、管理用具、玻璃器皿、工作服，以及在经营过程中周转使用的包装容器等。

低值易耗品是一项特殊资产，具有固定资产和流动资产的双重特征。低值易耗品在购置和库存的管理与核算上视同材料，但在领用后其价值摊销方式又类似于固定资产。因此在管理和核算上兼具固定资产和流动资产的特点，一般可将其分为“在库低值易耗品”和“在用低值易耗品”。

企业应根据低值易耗品的特性和用途，确定其价值摊销方式。对于领用可按其价值一次计入有关账户的低值易耗品，应采用“一次摊销法”进行核算，对于领用不能按其价值一次计入有关账户的低值易耗品，应采用“分次摊销法”和“五五摊销法”进行核算。

低值易耗品摊销的核算一般按实际成本计价，若按计划成本计价进行低值易耗品的日常核算时，领用的低值易耗品应按计划成本编制会计分录，月末调整领用低值易耗品的成本差异。

为了简化核算，企业可将领用的低值易耗品价值与当月领用的材料一起按其用途汇总编制“材料费用分配汇总表”，据以计入有关费用、成本；采用分次摊销法或五五摊销法还应按领用的低值易耗品价值，按月编制“低值易耗品摊销计算表”，据以计入有关的费用、成本。

（2）低值易耗品摊销的核算。

【方法一】 一次摊销法。

按照“一次摊销法”进行低值易耗品的核算时，应将领用的低值易耗品的价值一次全部计入到当期费用、成本。即：

领用时，按低值易耗品账面价值，借记“管理费用”、“生产成本”、“销售费用”、“在建工程”等账户，贷记“周转材料——低值易耗品”账户。

报废时，按报废周转材料的残料价值，借记“原材料”等账户，贷记“管理费用”、“生产成本”、“销售费用”、“在建工程”等账户。

【例 3－7】 永嘉棉纺厂基本生产车间本月领用劳保用品一批，实际成本 800 元。按照企业以旧换新的规定，该基本生产车间同时交回以前领用已报废的劳保用品一批，估计残值 40 元。账务处理如下：

- 领用劳保用品时：

借：制造费用　　800

　　贷：周转材料——低值易耗品　　800

- 报废的劳保用品残值入库时：

借：原材料　　40

　　贷：制造费用　　40

“一次摊销法”账务处理简便，与领用原材料的核算相同。但若一次领用数量多、单位价值高的低值易耗品时，易导致各月成本的波动，不利于低值易耗品的实物管理和成本分析。因此这种方法只适用于一次领用数量不多、单位价值低、使用期限较短或易破损的低值易耗品的核算。

【方法二】 五五摊销法。

五五摊销法又称“五五法”，是我国企业采用最多的一种低值易耗品摊销方法。这种方法的特点是将低值易耗品价值在领用和报废时各摊销一半。为了分别反映在库低值易耗品、在用低值易耗品及低值易耗品摊余价值，应在“周转材料”总账下设“低值易耗品”二级账，并按“在库低值易耗品”、“在用低值易耗品”、“低值易耗品摊销”设置三个明细账户。

领用时，按其账面价值，借记“周转材料——低值易耗品（在用低值易耗品）”账户，贷记“周转材料——低值易耗品（在库低值易耗品）”账户。

摊销时，应按摊销额，借记“管理费用”、“生产成本”、“销售费用”、“在建工程”等账户，贷记“周转材料——低值易耗品（低值易耗品摊销）”账户。

报废时，应补提摊销额，借记“管理费用”、“生产成本”、“销售费用”、“在建工程”等账户，贷记“周转材料——低值易耗品（低值易耗品摊销）”账户；同时，按报废周转材料的残料价值，借记“原材料”等账户，贷记“管理费用”、“生产成本”、“销售费用”、“在建工程”等账户；并**转销**全部已提摊销额，借记“周转材料——低值易耗品（低值易耗品摊销）”账户，贷记“周转材料——在用”账户。

【例3-8】 浙宇纺织器材工厂基本生产车间本月领用一批专用工具，实际成本8 000元。报废以前领用的易碎物品一批，实际成本6 000元，报有关部门审核同意处理，取得变价收入200元，现金收讫。账务处理如下：

- 领用专用工具时：

借：周转材料——低值易耗品（在用低值易耗品） 8 000
　　贷：周转材料——低值易耗品（在库低值易耗品） 8 000

- 月末摊销低值易耗品价值时：

借：制造费用（8 000÷2） 4 000
　　贷：周转材料——低值易耗品（低值易耗品摊销） 4 000

- 结转报废以前领用易碎物品的摊销额：

借：制造费用（6 000÷2-200） 2 800
　　库存现金 200
　　贷：周转材料——低值易耗品（低值易耗品摊销）（6 000÷2-200） 3 000

- 注销已报废易碎物品的价值：

借：周转材料——低值易耗品（低值易耗品摊销） 6 000
　　贷：周转材料——低值易耗品（在用低值易耗品） 6 000

为了便于同学们理解“五五摊销法”，现将例3-7中基本生产车间领用中**易碎物品**的经济业务，从领用到报废的核算程序绘成一个完整的核算程序图，见图3-1。

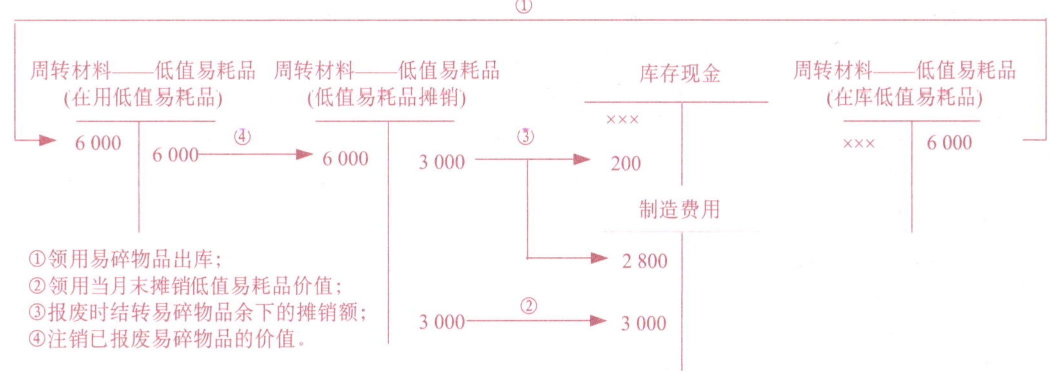

图3-1 易碎物品核算程序图

第二节　职工薪酬的核算

一、职工薪酬的组成

企业为生产产品必然发生相应的人工费用——职工薪酬。应计入产品成本的职工薪酬分为两个部分：一是直接从事产品生产的生产工人的职工薪酬；二是在生产车间从事生产的组织、管理或服务的人员的职工薪酬，如车间主任、技术人员、核算人员及勤杂人员等的薪酬。

按照国家规定，**职工薪酬是指企业为获得职工提供的服务而给予的各种形式的报酬以及其他相关支出**，具体包括职工计时（件）工资、奖金、津贴和补贴；职工福利费；医疗保险费、养老保险费、失业保险费、工伤保险费和生育保险费等社会保险费；住房公积金；工会经费和职工教育经费；非货币性福利；因解除与职工的劳动关系给予的补偿；其他与获得职工提供的服务相关的支出。这些内容同时也构成了企业应计入产品成本的应付职工薪酬。

应付职工薪酬是企业应当支付给职工的劳动报酬，包括实发报酬和代扣款项。**实发报酬是企业实际发放给职工的工资；代扣款项是企业代有关单位在职工劳动报酬中扣发的款项**，如房租、水、电、气、光纤、上网、物业管理等费用。

知识链接

奖金、津贴和补贴、加班加点工资和特殊情况下支付的工资

奖金：是企业支付给职工的超额劳动报酬和增收节支的劳动报酬等。

津贴：是企业支付给具有危险性、艰苦性工作岗位职工的劳动报酬。如职工在高空、井下、野外等岗位工作的劳动报酬。

补贴：是企业按照国家政策规定支付给职工用于弥补因物价因素而增加的生活负担的工资性报酬。如粮价补贴、物价补贴等。

加班加点工资：职工在国家法定工作时间以外工作而获取的劳动报酬。

特殊情况下支付的工资：指非工作时间工资，如职工因工伤、产假、计划生育假、婚丧假、探亲假和定期休假等工资，均按计时工资标准支付；病假则按病期长短（6个月以内为短期，6个月以上为长期）、工龄及计时工资标准的一定比例支付。需要注意的是，特殊情况下支付的工资并不是在标准工资之外的工资，而是职工因工伤、产假、计划生育假、婚丧假、探亲假和定期休假等原因未工作但不予扣发的工资。

二、职工薪酬核算的原始记录

核算职工薪酬必须以真实的原始记录为依据。企业用于核算职工薪酬的原始记录主要包

括考勤记录和产量记录。

（一）考勤记录

在考勤记录中，应当登记企业内每一部门、每一职工的出勤和缺勤的时间，并对这些时间进行归类分析。月末，考勤人员应将经车间、部门负责人检查、签章后的考勤记录，送交会计部门审核。考勤记录形式有：考勤簿、考勤卡片、考勤磁卡（刷卡）。

（二）产量记录

产量记录是登记工人或生产小组在出勤时间内完成产品的数量、质量和生产产品所用工时数量的原始记录。认真做好产量记录，不仅可以为计算计件工资提供正确的依据，还可为在各种产品之间分配与工时有关的费用提供合理的依据。产量记录形式有：派工单、加工路线单、产量通知单等。

计算计时工资，应以考勤记录中的工作时间记录为依据；计算计件工资，应以产量记录中的产品数量和质量记录为依据。因此，考勤记录和产量记录是工资核算的主要原始记录。

会计部门应对考勤记录和产量记录进行审核，只有经过会计部门的审核才可作为计算职工薪酬的原始依据。

三、职工薪酬的计算

计算工资、分配工资是职工薪酬核算的主要内容，企业可以根据具体情况采用不同的工资制度进行职工薪酬的计算和核算，其中最基本的工资制度是计时工资制度和计件工资制度。由于计时（件）工资在职工薪酬中所占比重最大，下面仅以计时（件）工资核算为例说明职工薪酬的计算方法。

（一）计时工资的计算

计时工资，是根据考勤记录登记的每一职工出勤或缺勤日数，按照规定的工资标准、工资等级计算的。工资标准按其计算的时间不同，有按月计算的月薪，按日计算的日薪或按小时计算的小时工资。下面重点介绍月薪制计时工资的计算方法。

在月薪制下，若职工当月出全勤，不论该月实际是多少天都可以取得固定的月标准工资，如果发生缺勤，就在月标准工资中减去相应的缺勤工资。

应付月工资可以按日工资率乘以出勤日数计算，也可以按月工资标准扣除缺勤工资（日工资率乘以缺勤日数）计算。

公式 1：

月应付计时工资＝日工资率×出勤日数＋病假应付工资＋奖金、津贴和补贴、加班加点工资

公式 2：

月应付计时工资＝月标准工资－缺勤工资＋病假应付工资＋奖金、津贴和补贴、加班加点工资

计时工资的计算

上式中，月标准工资由企业人事部门根据职工的工资档案确认，奖金、津贴和补贴、加

班加点工资和缺勤工资则根据考勤记录、产量记录、日工资率计算。日工资率的计算公式如下：

日工资率＝月标准工资÷月日历日数

在实际工作中，由于各月日历日数不同，日工资率的计算方法也有两种：

（1）日工资率＝月标准工资÷30

即每月固定按30天计算：以月标准工资除以30，算出每月的日工资率。

（2）$日工资率=\frac{月标准工资}{(365-115)\div 12}=月标准工资\div 20.83$

公式（2）中的“115”是法定的104天双休日和11天法定节日之和，公式中的“20.83”是每月固定按年日历日数365天减去115天，再除以12个月算出的平均工作日数，再与月工资标准相除算出每月的日工资率。

知识链接

我国现行法定节假日：根据国务院发布的《全国年节及纪念日放假办法》（国务院令第644号）规定，我国法定节假日包括三类：

第一类是全体公民放假的节日共11天，包括：新年（1月1日放假1天）、春节（农历正月初一至初三，放假3天）、劳动节（5月1日放假1天）、国庆节（10月1日至3日，放假3天）、清明节（放假1天）、端午节（放假1天）和中秋节（放假1天）。如果适逢星期六、星期日，应当在工作日补假。

第二类是部分公民放假的节日及纪念日，包括：妇女节（3月8日，妇女放假半天）、青年节（5月4日，14周岁以上的青年放假半天）、儿童节（6月1日，13周岁以下的少年儿童放假1天）、中国人民解放军建军纪念日（8月1日，现役军人放假半天）。如果适逢星期六、星期日则不补假。

第三类是少数民族习惯的节日，具体节日由各少数民族聚居地区的地方人民政府，按照各该民族习惯，规定放假日期。

二七纪念日、五卅纪念日、七七抗战纪念日、九三抗战胜利纪念日、九一八纪念日、教师节、护士节、记者节、植树节等其他节日、纪念日，均不放假。我国传统的农历重阳节等其他节日也不放假。

双休日：每周星期六、星期日，全年共104天。

按照《劳动法》的规定，在法定节日安排劳动者加班的，需要向劳动者支付300%的加班费。

月薪制计时工资的计算具体采用哪一种方法由企业自行确定，一经确定，不应任意变动。在按30天计算日工资率的企业中，由于法定节假日也计算工资，因而出勤期间的法定节假日，也应视为出勤日计算工资。病、事假等缺勤期间的节假日，也按缺勤日扣工资。在按20.83天计算日工资率的企业中，节假日不计、不扣工资。

【例3－9】 浙宇纺织器材厂工人程琪的月工资标准为3 600元。8月份的31天中，程琪病假3天，事假2天，双休日8天，出勤18天，夜班3天（具体考勤情况见表3－9）。根据程琪的工龄，其病假工资按工资标准的90%计算。程琪的病假和事假期间没有节假日。

表3-9　　程琪8月份出勤情况分析表

一	二	三	四	五	六	七	出勤	事假	病假	夜班	双休日
							√	○	△	☆	□
1	2	3	4	5	6	7					
√	√	√	○	○	□	□	3	2			2
8	9	10	11	12	13	14					
√	√	√	√	√	□	□	5				2
15	16	17	18	19	20	21					
√	√	△	△	△	□	□	2		3		2
22	23	24	25	26	27	28					
√	√	√	√	√	□	□	5				2
29	30	31									
☆	☆	☆					3			3	
							18	2	3	3	8

按上述两种方法分别计算程琪8月份的应付计时工资如下：

(1) 按出勤日数计算月工资（按公式1）。

①按30天计算日工资率：

日工资率＝3 600/30＝120（元/天）

应付出勤工资＝120×（18＋8）＝3 120（元）

应付病假工资＝120×3×90%＝324（元）

应付夜班工资＝120×3＝360（元）

应付工资＝3 120＋324＋360＝3 804（元）

②按20.83日计算日工资率：

日工资率＝3 600/20.83＝172.8277（元）

应付出勤工资＝172.8277×18＝3 110.90（元）

应付病假工资＝172.8277×3×90%＝466.63（元）

应付夜班工资＝172.8277×3＝518.48（元）

应付工资＝3 110.90＋466.63＋518.48＝4 096.01（元）

(2) 按月工资标准扣除缺勤工资计算月工资（按公式2）。

①按30天计算日工资率：

日工资率＝3 600/30＝120（元/天）

应扣缺勤病假工资＝120×3×(100%－90%)＝36（元）

应扣缺勤事假工资＝120×2＝240（元）

应付夜班工资＝120×3＝360（元）

应付工资＝3 600－36－240＋360＝3 684（元）

②按20.83日计算日工资率：

日工资率 = 3 600/20.83 = 172.8277（元）

应扣缺勤病假工资 = 172.8277 × 3 × (100% − 90%) = 51.85（元）

应扣缺勤事假工资 = 172.8277 × 2 = 345.66（元）

应付夜班工资 = 172.8277 × 3 = 518.48（元）

应付工资 = 3 600 − 51.85 − 345.66 + 518.48 = 3 202.48（元）

（二）计件工资的计算

1. 个人计件工资的计算

职工的计件工资是根据每个工人的产量记录，乘以规定的计件单价计算的工资。这里的产量是指合格品产量和不是由于工人本人过失造成的不合格品产量（如料废产品数量）。由工人的工作过失造成不合格产品（如工废产品数量），不计算也不支付工资，有的还应由责任人赔偿损失。如果一个工人在月份内从事多种产品的生产，若各种产品的加工单价不同，该工人的计件工资计算公式如下：

应付计件工资 = ∑（月内每种产品的产量 × 该种产品的计件单价）

产品的计件单价应根据工人生产单位产品所需要的工时定额和该工人相应工资等级的小时工资率计算。

【例 3 − 10】 阳光家纺厂工人周立新负责 A、B 两种产品的加工，A 产品的工时定额为 30 分钟，B 产品的工时定额为 12 分钟。假设该级工人本月共加工 A 产品 150 件，B 产品 200 件，小时工资率为 20 元。两种产品的计件工资单价计算如下：

$$A\text{ 产品计件单价} = 20 \times \frac{30}{60} = 10\text{（元）}$$

$$B\text{ 产品计件单价} = 20 \times \frac{12}{60} = 4\text{（元）}$$

按上列公式计算的计件工资为：

应付工资 = 150 × 10 + 200 × 4 = 2 300（元）

上述计算表明，同一工人如果生产不同定额工时的产品，其计件单价是不同的。

为简化计算工作，企业也可以根据工人实际完成的产品定额工时总数和工人所属等级的小时工资率计算计件工资。其公式为：

应付计件工资 = ∑（月内实际完成定额工时总数 × 小时工资率）

周立新完成的产品定额工时为：

$$A\text{ 产品定额工时} = 150 \times \frac{30}{60} = 75\text{（小时）}$$

$$B\text{ 产品定额工时} = 200 \times \frac{12}{60} = 40\text{（小时）}$$

周立新实际完成产品定额工时总数 = 75 + 40 = 115（小时）

应付工资 = 115 × 20 = 2 300（元）

由此看出，以上两种方法的计算结果完全相同。由于产量记录中记有每种产品的定额工时数，每位工人完成的各种产品定额工时数可以加总，因而后一种方法更为简便。

2. 集体计件工资的计算

按生产小组等集体计件工资的计算方法与上述相同。不同之处是，集体计件工资还要在集体内部各工人之间按照贡献大小进行分配。由于工人的级别或工资标准一般体现的是工人的劳动质量和技术水平，工作日数一般体现的是劳动数量，因而集体内部大多按每人的工资标准和工作日数（或工时数）的乘积为比例进行分配。

【例3-11】 阳光家纺厂第一生产小组集体完成一项生产任务，按照计件工资的计算方法算出集体计件工资9 630元。该小组由不同等级的工人组成，每人的姓名、等级、日工资率、出勤日数，以及按日工资率和出勤日数计算的工资额（即集体计件工资内部的分配标准）如表3-10所示。

表3-10 **集体计件工资分配标准**

单位：×班组 ××年×月

工人姓名	等　级	工资标准（日工资率）	出勤日数	按日工资率和出勤日数计算的工资额（元）
王宏冰	10	30.00	25	750.00
陈雪江	9	27.00	24	648.00
李新铭	8	24.00	22	528.00
合　计	—	—	71	1 926.00

$$生产小组内部工资分配率=\frac{9\ 630}{1\ 926}=5.00$$

王宏冰应分配工资 = 750 × 5 = 3 750（元）
陈雪江应分配工资 = 648 × 5 = 3 240（元）
李新铭应分配工资 = 528 × 5 = 2 640（元）
合计 9 630（元）

四、职工薪酬分配的核算

（一）职工薪酬分配核算的基本程序

五险一金及其使用规定

前已述及，职工薪酬除计时工资和计件工资外，还包括职工的各种奖金、津贴、补贴、加班加点工资，以及特殊情况下支付的工资，应按照国家和企业的有关规定计算发放。此外，企业还应按照国家有关政策和规定，代职工向社会保险经办机构缴纳职工医疗保险费、养老保险费、失业保险费、工伤保险费、生育保险费等社会保险费，以及住房公积金、工会经费和职工教育经费等。国家对这些费用统一规定了计提基础和比例，企业应当按照国家规定标准按月计提。企业职工薪酬分配的核算程序的主要步骤见图3-2。

图3-2 职工薪酬费用分配核算程序

【例3－12】 江宁纺织机械厂设有一个基本生产车间、一个辅助生产车间，另设有行政管理部门、医务福利部门和销售部门。根据国家有关工资制度、政策及企业管理规定，8月份该企业的职工薪酬核算如下：

（1）各车间、部门根据8月的工时记录、产量记录、考勤记录编制“工资结算单”（见表3－11）并报送财会部门。

表3－11

工资结算单

单位：一车间　　××年8月　　单位：元

姓名	月标准工资	奖金	津贴补贴	小计	应扣工资			应付工资合计
					病假	事假	小计	
生产工人：								
赵凯东	3 500	1 000	500	5 000				5 000
马庆卫	3 400	800	500	4 700				4 700
朱彤	3 200	600	400	4 200	60	30	90	4 110
田晓燕	3 000	400	400	3 800				3 800
贾平	2 600	300	300	3 200				3 200
安红	2 600	200	300	3 100				3 100
张亮	2 550	200	200	2 950		150	150	2 800
曾庆伟	2 550	200	200	2 950				2 950
邢雨茜	2 400	100	200	2 700	200		200	2 500
刘立成	2 400	100	200	2 700		80	80	2 620
汤玛丽	2 350	100	100	2 550				2 550
杨年新	2 250	100	100	2 450				2 450
黄万民	2 200	100	100	2 400	260		260	2 140
刘叙芳	2 000	100	100	2 200	100		100	2 100
陈小东	2 000	100	100	2 200				2 200
王一冰	2 000	100	100	2 200				2 200
小计	41 000	4 500	3 800	49 300	620	260	880	48 420
管理人员：								
曹雪华	4 000	400	435	4 835				4 835
合计	45 000	4 900	4 235	54 135	620	260	880	53 255

（2）财会部门根据各车间、部门编报的“工资结算单”汇总编制“工资结算汇总表”（见表3－12）。

表 3－12　　工资结算汇总表

××年 8 月　　单位：元

车间和部门	应付工资						代扣款项			实发工资
	月标准工资	奖金	津贴补贴	应扣工资		应付工资合计	废品损失	代垫医药费	合计	
				病假	事假					
基本生产车间：										
生产工人	41 000	4 500	3 800	620	260	48 420	200	1 000	1 200	47 220
管理人员	4 000	400	435			4 835				4 835
小　计	45 000	4 900	4 235	620	260	53 255	200	1 000	1 200	52 055
辅助生产车间：										
生产工人	16 000	1 400	800	165	235	17 800	100		100	17 700
管理人员	3 000	700	500	60	20	4 120				4 120
小　计	19 000	2 100	1 300	225	255	21 920	100		100	21 820
行政管理部门人员	2 400	260	200	30	50	2 780				2 780
专设销售机构人员	800	400	200	35		1 365				1 365
在建工程人员	1 000	200	80		52	1 228				1 228
合　计	68 200	7 860	6 015	910	617	80 548	300	1 000	1 300	79 248

（3）财会部门根据汇总后的“工资结算汇总表”和国家及企业的有关规定编制“职工福利费计算表”（见表 3－13）、“职工社会保险费计算表”（见表 3－14）、“职工住房公积金、工会经费和教育经费计算表”（见表 3－15）。

职工福利政策依据

表 3－13　　职工福利费计算表

××年 8 月　　单位：元

车间和部门		应付工资合计	应付福利费	
			计提比例	计提金额
基本生产车间	生产工人	48 420		6 778. 80
	管理人员	4 835		676. 90
辅助生产车间	生产工人	17 800		2 492. 00
	管理人员	4 120		576. 80
行政管理部门人员		2 780		389. 20
专设销售机构人员		1 365		191. 10
在建工程人员		1 228		171. 92
合　计		80 548	14%	11 276. 72

（4）财会部门根据“工资结算汇总表”和上述计算表编制“职工薪酬费用分配表”（见表 3－16）。

表 3－14 职工社会保险费计算表

××年 8 月 单位：元

车间和部门		应付工资合计	医疗保险费	养老保险费	失业保险费	工伤保险费	生育保险费	合　计
			8%	20%	2%	0.8%	0.8%	
基本生产车间	生产工人	48 420	3 873.60	9 684.00	968.40	387.36	387.36	15 300.72
	管理人员	4 835	386.80	967.00	96.70	38.68	38.68	1 527.86
辅助生产车间	生产工人	17 800	1 424.00	3 560.00	356.00	142.40	142.40	5 624.80
	管理人员	4 120	329.60	824.00	82.40	32.96	32.96	1 301.92
行政管理部门人员		2 780	222.40	556.00	55.60	22.24	22.24	878.48
专设销售机构人员		1 365	109.20	273.00	27.30	10.92	10.92	431.34
在建工程人员		1 228	98.24	245.60	24.56	9.82	9.82	388.05
合　计		80 548	6 443.84	16 109.60	1 610.96	644.38	644.38	25 453.17

表 3－15 职工住房公积金、工会经费和职工教育经费计算表

××年 8 月 单位：元

车间和部门		应付工资合计	住房公积金	工会经费	职工教育经费	合　计
			8%	2%	1.5%	
基本生产车间	生产工人	48 420	3 873.60	968.40	726.30	5 568.30
	管理人员	4 835	386.80	96.70	72.53	556.03
辅助生产车间	生产工人	17 800	1 424.00	356.00	267.00	2 047.00
	管理人员	4 120	329.60	82.40	61.80	473.80
行政管理部门人员		2 780	222.40	55.60	41.70	319.70
专设销售机构人员		1 365	109.20	27.30	20.47	156.97
在建工程人员		1 228	98.24	24.56	18.42	141.22
合　计		80 548	6 443.84	1 610.96	1 208.22	2 819.18

表 3－16 职工薪酬费用分配表

××年 8 月 单位：元

应贷科目 应借科目			应付职工薪酬						合　计
			应付工资合计	职工福利费	职工社会保险费	住房公积金	工会经费	职工教育经费	
生产成本——基本生产成本	基本生产车间	生产工人	48 420	6 778.80	15 300.72	3 873.60	968.40	726.30	76 067.82
		管理人员	4 835	676.90	1 527.86	386.80	96.70	72.53	7 595.79
生产成本——辅助生产成本	辅助生产车间	生产工人	17 800	2 492.00	5 624.80	1 424.00	356.00	267.00	27 963.80
		管理人员	4 120	576.80	1 301.92	329.60	82.40	61.80	6 472.52
管理费用	行政管理部门人员		2 780	389.20	878.48	222.40	55.60	41.70	4 367.38
销售费用	专设销售机构人员		1 365	191.10	431.34	109.20	27.30	20.47	2 144.41
在建工程	在建工程人员		1 228	171.92	388.05	98.24	24.56	18.42	1 929.19
合　计			80 548	11 276.72	25 453.17	6 443.84	1 610.96	1 208.22	126 540.91

（5）财会部门根据“职工薪酬费用分配表”，做账务处理如下：

借：生产成本——基本生产成本　　76 067.82
　　　　　　——辅助生产成本　　27 963.80
　　制造费用——基本生产车间　　7 595.79
　　　　　　——辅助生产车间　　6 472.52
　　管理费用　　4 367.38
　　销售费用　　2 144.41
　　在建工程　　1 929.19
　　贷：应付职工薪酬——工资　　80 548.00
　　　　　　　　　　——职工福利费　　11 276.72
　　　　　　　　　　——社会保险费　　25 453.17
　　　　　　　　　　——住房公积金　　6 443.84
　　　　　　　　　　——工会经费　　1 610.96
　　　　　　　　　　——职工教育经费　　1 208.22

（二）职工薪酬分配核算应注意的问题

对职工薪酬费用的分配核算，企业应根据其不同的用途分别记入有关账户中。按照成本核算“谁受益谁承担”的原则，职工薪酬费用计入成本时应明确两个问题：

1. 哪些人工费用可以计入成本

在这里，“计入成本”是指记入“生产成本”和“制造费用”账户的职工薪酬费用。按照会计制度的规定，生产工人的职工薪酬费用应记入“生产成本”账户，车间管理人员的职工薪酬费用应记入“制造费用”账户，企业行政管理部门人员的职工薪酬费用应记入“管理费用”，专设销售机构人员的职工薪酬费用应记入“销售费用”账户，在建工程人员的职工薪酬费用应记入“在建工程”账户。

2. 计入成本的职工薪酬费用哪些可以直接计入，哪些不能直接计入

对于直接从事产品生产的生产工人的工资，按计件单价和合格产品产量计算的计件工资以及本月只生产一种产品的生产工人的计时工资是直接费用，可以根据工资结算凭证直接记入“生产成本”及所属明细账中的“直接人工”成本项目；其他职工薪酬费用因与某种产品没有直接联系，如本月加工两种以上产品的生产工人的计时工资、记入“制造费用”的车间管理人员和工作人员的工资，都是间接费用，不能或无法根据结算凭证直接记入“生产成本”及所属明细账。对于职工薪酬中的间接费用，应采用专门的分配标准进行分配，多数企业采用实际生产工时或定额工时比例进行工资费用的分配。其计算公式为：

$$\text{工资分配率}=\frac{\text{生产工人工资总额}}{\text{各种产品生产工时（实际或定额）总数}}$$

$$\text{某种产品应分配工资}=\text{该种产品生产工时（实际或定额）}\times\text{工资分配率}$$

【例3－13】 江宁纺织机械厂的基本生产车间生产了甲、乙两种产品，其中甲产品的实际生产工时为6 000工时，乙产品的实际生产工时为14 000工时，8月份基本生产车间生产

工人工资为48 420元。按实际生产工时比例分配如下：

工资分配率 = 48 420 ÷ (6 000 + 14 000) = 2.421(元/工时)

甲产品应分配的工资费用 = 6 000 × 2.421 = 14 526(元)

乙产品应分配的工资费用 = 14 000 × 2.421 = 33 894(元)

第三节　折旧费用的核算

企业在生产中使用的固定资产，计提的折旧费是产品成本的重要组成部分，但由于使用情况和分配方法比较复杂，为了简化成本计算工作，不单独设置折旧费成本项目。在会计实务中，固定资产折旧费是按照固定资产的使用部门归集后，再与各车间、部门发生的其他间接费用一起进行分配，计入产品成本或期间费用。

折旧费的计算和分配是通过编制“固定资产折旧费用分配表”进行的。

【例3－14】 江宁纺织机械厂采用分类折旧率计提折旧，根据该企业8月初应计折旧的固定资产原值和月分类折旧率，编制“固定资产折旧费用分配表”（见表3－17），并据以进行相关的账务处理。

表3－17　　固定资产折旧费用分配表

××年8月　　单位：元

应借账户	使用部门	固定资产项目	月初应计折旧的固定资产原值	月分类折旧率(‰)	月折旧额
制造费用	基本生产车间	厂　房	800 000	2.00	1 600.00
		机器设备	530 000	6.00	3 180.00
		其他设备	90 000	8.00	720.00
		小　计	1 420 000	—	5 500.00
	辅助生产车间	厂　房	330 000	2.00	660.00
		机器设备	210 000	7.00	1 470.00
		小　计	540 000	—	2 130.00
管理费用	管理部门	房屋建筑物	650 000	2.00	1 300.00
		运输工具	250 000	10.00	2 500.00
		小　计	900 000	—	3 800.00
销售费用	专设销售机构	房屋建筑物	400 000	2.00	800.00
		运输工具	210 000	10.00	2 100.00
		小　计	610 000	—	2 900.00
合　计			3 470 000	—	14 330.00

根据“固定资产折旧费用分配表”，做账务处理如下：

借：制造费用——基本生产车间　　5 500.00

　　　　　　——辅助生产车间　　2 130.00

　　管理费用　　3 800.00

　　销售费用　　2 900.00

　　贷：累计折旧　　14 330.00

注意：固定资产折旧费用不能直接记入“生产成本”账户。

第四章
综合费用的核算

【学习目的和要求】

- 掌握跨期摊配费用的核算
- 掌握辅助生产费用、制造费用的计算和分配方法
- 掌握辅助生产费用、制造费用归集和分配的核算
- 掌握生产损失费用的核算

导入案例

6年后，蓉依服装厂因总体发展比较顺利，企业逐渐步入良性发展轨道，遂改制组建为蓉依服装有限公司，人员、资金、市场进一步扩大，企业设备由最初的两台高速单缝机起家，到目前已拥有从准备、剪裁、整烫、粘合，到缝纫、吊挂、包装、定位分类检验等全套设备，实现了接单、生产、销售一条龙。企业在市内有10家专卖店和批发专柜，专门营销自己的蓉牌服装，销路很好。

企业规模扩大，王蓉依然时刻铭记“每砍一分钱，就增一分利”的宗旨，尝到了控制成本的甜头。为了控制成本，王蓉在公司里做了几件事：一是进行部门和人员的调整，将原来分散在各车间的维修人员集中起来，组建机修车间，专门维修企业的各种设备、设施；建立供电车间，以保障企业用电；调整、合并管理部门，将原来的销售部合并到市场部。二是量化各种能耗指标，如制定材料消耗定额，在每个车间分别安装电表和水表并规定耗电额度，制定各车间、各部门的绩效考核指标。财务部门按月核算，以此激励各部门控制能耗。三是严格控制各种耗材的领取，如要求工人领用劳保用品和管理部门领用办公用品需以旧换新。四是制定新的差旅费报销制度，明确差旅费报销标准；制定新的宴请制度和供应商目录等等。通过这些措施，王蓉的公司在第一个季度就使全公司的各项开支水平下降了3个百分点。

案例解析

成本核算中的一个重要原则就是“受益性原则”，即“谁受益，谁负担”。蓉依服装

有限公司的各车间、部门都要用电，按照“受益性原则”，谁用电谁就负担电费。对于生产车间来讲，电费应当计入生产成本，对于管理部门来讲，电费应计入管理费用。

但是，并不是所有的费用都像电费这样便于计量。在企业的生产过程中，随时都有各种各样的费用发生，比如固定资产的租赁费、修理费、保险费，应付借款利息等。如果我们对每一项费用都去逐项归集、核算，势必增大会计核算的工作量。为了既达到管理目的，又能在一定程度上简化会计核算，企业针对一些对成本影响不大、或可单独归集但意义不大、或与产品生产无直接关系的费用，采取先按车间、部门或大类归集加总，再分配结转的方式来核算。这类费用我们可称之为“综合费用”。

相对于要素费用（原材料、燃料、动力、职工薪酬、折旧、税金等）来讲，综合费用普遍具有内容复杂、种类繁多的特点。如跨期摊配费用包括长期待摊费用、预提费用等；制造费用包括生产车间为组织管理生产所发生的全部费用；辅助生产费用包括辅助生产车间为加工产品、提供服务所发生的全部费用；生产损失费用则包括了废品损失和停工损失等。企业用于全厂范围内的组织、管理所发生的费用也是综合费用，如财务费用、管理费用和销售费用等期间费用。由于期间费用与生产成本无关，故本章将介绍除期间费用以外的其他各项综合费用归集和分配的核算。

第一节 跨期摊配费用的核算

按照权责发生制原则的要求，企业应严格划分费用的受益期间，正确计算各个会计期间的成本和盈亏，也就是说“谁受益，谁负担费用”。在会计实务中，费用的支付期和负担期（受益期或归属期）不可能完全一致，既可能出现支付在先、受益在后的预付待摊费用（简称“待摊费用”或“预付费用”），比如本年十月份预付下年度的财产保险费等；也可能出现负担在先、支付在后的预提应付费用（简称“预提费用”），比如企业每季度第三个月份才支付本季度银行借款利息，前两个月虽未支付但也应预先计算负担利息费用。

因此，**跨期摊配费用**，就是指因受益期与支付期不一致，需要在两个及以上的会计期间摊配，以保证各月负担合理而需要分别采用待摊或预提的方法进行处理的费用。主要包括上述的待摊费用（预付费用）和预提费用。

需要说明的是，按照我国新的《企业会计准则》的规定，资产负债表资产类序列中不再列示“待摊费用”项目，负债类序列中不再列示“预提费用”项目。因此有的企业也相应不再设置“待摊费用”和“预提费用”两个账户，与此有关的业务分别在“预付账款”或“应付利息”等有关账户中核算。

一、预付费用的核算

预付费用，就是预先支付的费用，是指本期已经发生或支付，但应由本期和以后各期平

均负担的费用。预付费用的特点是先支付，后分期摊入成本、费用，如预付保险费、预付租赁费、预付修理费、低值易耗品摊销、预付报刊杂志和图书资料费等。

预付费用按其摊销期限的长短可分为短期预付费用和长期预付费用。摊销期限在 1 年以内（含 1 年）的为短期预付费用，摊销期在 1 年以上的为长期预付费用。短期预付费用可以通过"预付账款"等账户核算。

比如，本年 10 月份预付下年度报刊杂志费年 3 600 元，在本年付款时应做如下账务处理：

借：预付账款　　3 600

　　贷：银行存款　　3 600

次年各月摊销当月应负担的书报费时，则做如下账务处理：

借：管理费用——书报费　　300

　　贷：预付账款　　300

企业的长期预付费用若符合资产的定义和确认条件，应单独设置"长期待摊费用"账户进行核算。当长期预付费用支付时，借记本账户，贷记"银行存款"、"库存现金"、"原材料"等账户；按受益期限摊销时，借记"制造费用"、"管理费用"、"销售费用"等账户，贷记本账户。"长期待摊费用"账户期末余额一般在借方，表示已经支付尚未摊销的长期待摊费用。如果长期预付费用的种类较多，对于发生频繁、数额较大的费用，还应按费用的种类设置明细账进行明细核算，分别反映各种长期预付费用的发生、支付和摊销情况。不符合资产的定义和确认条件的长期预付费用的处理与短期预付费用相同。

【例 4-1】 阳光家纺厂 6 月 30 日开出转账支票，预付第三季度财产保险费 9 000 元，分 3 个月摊销，摊销比例为：基本生产第一车间 35%，基本生产第二车间 22%，修理车间 10%，行政管理部门 20%，专设销售机构 13%。根据有关付款凭证编制"预付费用分配表"（见表 4-1）。

表 4-1　　**预付费用分配表**

××年 7 月　　单位：元

用　途	费用项目	分配率	应分配金额
基本生产第一车间	财产保险费	35%	3 150
基本生产第二车间	财产保险费	22%	1 980
修理车间	财产保险费	10%	900
行政管理部门	财产保险费	20%	1 800
专设销售机构	财产保险费	13%	1 170
合　计		100%	9 000

根据"预付费用分配表"做账务处理如下：

- 6 月 30 日预付第三季度保险费时：

借：预付账款——保险费　　9 000

　　贷：银行存款　　9 000

● 7月末分期摊销保险费时：

借：制造费用——第一车间　　1 050
　　　　——第二车间　　660
　　生产成本——辅助生产成本（修理车间）　　300
　　管理费用　　600
　　销售费用　　390
　　贷：预付账款——保险费　　3 000

● 8月、9月分期摊销保险费的核算同上。

根据上述会计分录登记“预付账款”总账及明细账，预付账款明细账见表4－2。

表4－2　　预付账款明细账

费用种类：保险费　　单位：元

××年		摘　要	借方金额	贷方金额	余　额	
月	日				借或贷	金　额
6	30	预付三季度保险费	9 000		借	9 000
7	31	摊销本月应负担的保险费		3 000	借	6 000
8	31	摊销本月应负担的保险费		3 000	借	3 000
9	30	摊销本月应负担的保险费		3 000	平	0

企业如发生（或支付）其他预付费用时，可与上例保险费合并编制“预付费用分配表”，并按上例进行相应的账务处理。企业如发生应由本期和以后各期负担的、分摊期限在1年以上的费用时，则应在“长期待摊费用”账户中核算。

二、预提费用的核算

预提费用，是指预先分月计入成本、费用，但需在以后月份才支付的费用，其特点是预先计入成本、费用，以后支付费用，是应付而未支付的费用。预提费用的偿付期在1年以内，属于流动负债。预提费用的预提期限应当根据其费用的受益期限确定。如受益期限超过1个月，但费用数额不大，也可不作为预提费用处理，而是在其实际发生支付时，直接计入支付月份的成本、费用。预提费用一般包括预提租金、大修理费、借款利息、保险费及其他预提费用等。

预提费用的性质属于流动负债，为与反映企业主要购销活动的核算账户“应付账款”区分开，可设置“其他应付款”账户核算，并按费用种类设置明细分类账进行明细核算。企业预提有关费用时，借“生产成本”、“制造费用”、“管理费用”、“销售费用”等账户，贷记“其他应付款”账户；实际支付有关费用时，借记“其他应付款”账户，贷记“银行存款”、“库存现金”等账户。

【例4－2】　南岭纺织设备制造厂基本生产第一车间1月1日租入龙门刨床一台，租期1年。双方议定于每季末支付租金，每季租金3 000元。

● 企业按月预提时（即1、2、3月份预提租金时），应做如下账务处理：

借：制造费用——第一车间　　1 000

贷：其他应付款——租金　　1 000

同时登记预提费用有关明细账，“其他应付款明细账”如表4－3所示。

表4－3　　其他应付款明细账

费用种类：租金

××年		摘　要	借方金额	贷方金额	余　额	
月	日				借或贷	金　额
1	31	预提一月份租金		1 000	贷	1 000
2	28	预提二月份租金		1 000	贷	2 000
3	31	预提三月份租金		1 000	贷	3 000
3	31	支付一季度租金	3 000			0

- 该企业一季度（3月末）实际支付租金3 000元，根据有关支付凭证，做如下账务处理：

借：其他应付款——租金　　3 000

　　贷：银行存款　　3 000

- 第二、三、四季度预提和支付租金同上例。

为了正确划分各月的费用界限，保证各月成本、费用水平的均衡性，企业应在其有关会计制度中规定预提费用的项目和预提的标准，防止任意多提、少提或不提。当发现某项预提费用总额到预提期末可能与实际费用总额存在较大差额时，应及时调整预提的标准。预提费用总额与实际费用总额的差额，应计入预提期末月份的成本、费用。

【例4－3】　阳光家纺厂辅助生产车间固定资产原值为120万元，计划每半年对本车间的固定资产进行一次大修。从本年1月起每月按本车间固定资产原值的0.5%计提修理费。6月份该车间实际发生修理费36 060元，该项大修于6月末完成。相关账务处理如下：

- 1月份计提固定资产修理费时（1 200 000×0.5%＝6 000元）：

借：制造费用——辅助生产车间　　6 000

　　贷：其他应付款——修理费　　6 000

- 2—6月份的处理同上。
- 6月份发生修理费时：

借：其他应付款——修理费　　36 060

　　贷：银行存款　　36 060

- 结转大修理费时：

借：制造费用——辅助生产车间　　60

　　贷：其他应付款——修理费　　60

第二节 辅助生产费用的核算

一、辅助生产费用的内容

辅助生产费用分配总结

辅助生产，是指为企业基本生产和内部各部门提供服务而进行的产品生产和劳务供应。专门从事辅助生产的车间称为辅助生产车间。有的辅助生产车间只生产一种产品或提供一种劳务，如供电、供水、供汽、供风、运输等，有的辅助生产车间则生产多种产品或提供多种劳务，如从事工具、模具、修理用备件的制造，以及机器设备的修理等。辅助生产提供的产品和劳务有时也对外销售，但这不是辅助生产的主要任务。

辅助生产产品和劳务所耗费的各种生产费用之和，构成辅助生产产品和劳务的成本。但是，对于耗用辅助生产产品或劳务的基本生产产品及各车间、各部门来说，这些辅助生产产品和劳务的成本又是一种费用，即辅助生产费用，它是企业产品成本的重要组成部分。

辅助生产产品和劳务成本的高低，对于基本生产产品成本和经营管理费用的水平有很大影响；在按实际成本计价核算辅助生产成本的情况下，只有当辅助生产产品和劳务成本确定以后，才能计算基本生产的产品成本。因此，正确、及时地组织辅助生产费用的核算，对于节约费用、降低成本，以及正确及时地计算企业产品成本具有重要的意义。

二、辅助生产费用的归集

（一）“辅助生产成本”账户设置

辅助生产成本核算账户设置主要有以下两种方式：

1. 将“辅助生产成本”作为“生产成本”账户的二级账户设置

按照《企业会计准则》的规定，企业可在“生产成本”账户下设置“辅助生产成本”二级账户，并按车间、产品或提供劳务的种类设置明细账户，按成本项目设专栏进行核算，其格式见表4－4、表4－5。该账户属成本类账户，借方归集为生产产品、提供劳务而耗用的材料费用、人工费用、折旧费、制造费用等；贷方登记辅助生产车间分配给各受益单位的辅助生产费用，期末如有借方余额表示尚未完工的在产品和劳务成本。

2. 将“辅助生产成本”设置为一级账户

对于辅助生产规模较大、辅助生产产品较多的企业，也可设置“辅助生产成本”一级账户，并按辅助生产车间设置二级账户，按成本项目设专栏进行辅助生产费用的核算。

本章辅助生产费用核算的账户设置采用第一种方式。

表4-4 生产成本——辅助生产成本明细账

车间：供电　　　　　　　　　　　　　　　　　　　　单位：元

××年		凭证号数	摘　要	直接材料	直接人工	制造费用	合　计
月	日						
8	×	略	根据原材料费用分配汇总表	9 200			9 200
8	×		根据职工薪酬分配表		5 800		5 800
8	×		根据制造费用分配表			2 188	2 188
8	31		本月发生额合计	9 200	5 800	2 188	17 188
8	31		结转本月发生额	-9 200	-5 800	-2 188	-17 188

表4-5 生产成本——辅助生产成本明细账

车间：机修　　　　　　　　　　　　　　　　　　　　单位：元

××年		凭证号数	摘　要	直接材料	直接人工	制造费用	合　计
月	日						
8	×	略	根据原材料费用分配汇总表	41 000			41 000
8	×		根据动力费用分配表	4 960			4 960
8	×		根据职工薪酬分配表		28 000		28 000
8	×		根据制造费用分配表			12 120	12 120
8	31		本月发生额合计	45 960	28 000	12 120	86 080
8	31		结转本月发生额	-45 960	-28 000	-12 120	-86 080

（二）辅助生产车间“制造费用”账户的设置

辅助生产车间制造费用的核算在账务处理上分为设账和不设账两种方法：

（1）**单独设置“制造费用——辅助生产成本”账户**。对于辅助生产规模较大，发生的制造费用数额较大，可通过“制造费用”账户来核算，此时，“制造费用”账户下可按基本生产车间、辅助生产车间设置明细账户、按费用项目设置专栏，分别归集各基本生产车间、辅助生产车间发生的制造费用，并于月末将归集在“制造费用——××辅助生产车间”账户借方的费用由贷方转入“生产成本——××辅助生产成本（××辅助生产车间）”账户借方的“制造费用”成本项目（见图4-1）。

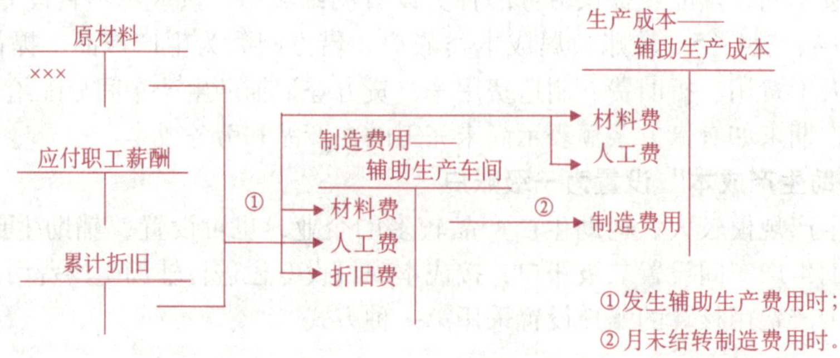

图4-1

（2）**不单独设置“制造费用——辅助生产成本”账户**。若辅助生产车间规模较小，或发生的制造费用数额较小，就不需要通过“制造费用——××辅助生产车间”账户来核算，而直接将各辅助生产车间为组织管理辅助生产发生的制造费用记入“生产成本——辅助生产成本（××辅助生产车间）”明细账的“制造费用”专栏里。如例4－1中修理车间承担的300元财产保险费就是将其记入“生产成本——辅助生产成本（修理车间）”明细账的“制造费用”成本项目。（见图4－2）。

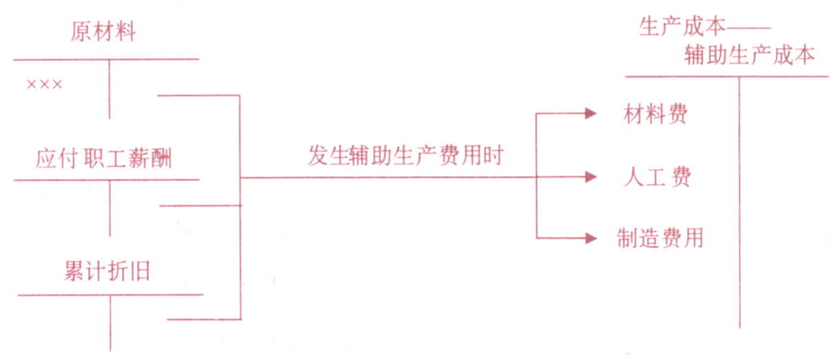

图4－2

三、辅助生产费用的分配

（一）辅助生产费用分配的特点

辅助生产费用的分配是指将归集在“生产成本——辅助生产成本”账户及其明细账借方的辅助生产费用，按照特定的计算方法计算出各种辅助生产产品或劳务的单位成本和总成本，在各受益对象之间进行分配的过程。由于辅助生产车间生产的产品和劳务种类不同，其分配的程序也有所不同：

（1）工具、模具和修理用备件等辅助生产车间的产品成本，应在产品完工入库时，从“生产成本——××辅助生产成本”账户及其明细账的贷方分别转入“周转材料”和“原材料”等账户的借方，其核算程序与基本生产车间的产品成本核算程序基本相同。

（2）动力、机修和运输等辅助车间生产和提供的水、电、汽、修理、运输等产品和劳务所发生的费用，应在各受益单位之间按照所耗数量或其他比例进行分配。分配时，应从“生产成本——××辅助生产成本”总分类账户和所属明细账的贷方转入“生产成本”、“制造费用”、“销售费用”、“管理费用”和“在建工程”等账户的借方。

（3）企业的辅助生产主要是为基本生产车间和行政管理部门提供产品和劳务，但在某些辅助生产车间之间也有相互提供产品和劳务的情况，如供电车间为供水车间供电，供水车间为供电车间供水。这样，为了计算电的成本，需要先确定水的成本；为了计算水的成本，又要先确定电的成本。因此，为了正确、及时地计算辅助生产产品和劳务成本，并将辅助生产费用正确地计入基本生产产品成本，在分配辅助生产费用时，还应在各辅助生产车间之间进行费用的交互分配。

（二）辅助生产费用的分配方法

进行辅助生产费用的分配，应结合企业的实际情况采用不同的分配方法。常用的分配方法主要有直接分配法、交互分配法、计划成本分配法、代数分配法。

1. 直接分配法

直接分配法是指将辅助生产费用直接分配给辅助生产车间以外的各受益单位，不考虑各辅助生产车间之间相互提供劳务（或产品）的情况。其分配程序分为两个步骤：

第一步，根据各辅助生产车间实际发生的费用和向辅助生产车间以外的各受益对象提供的产品或劳务总量，计算出各辅助生产车间的实际单位生产成本。

第二步，按实际单位生产成本和各受益对象的耗用量进行分配。

计算公式如下：

$$\text{某辅助生产车间产品或劳务单位成本}=\frac{\text{该车间生产费用总额}}{\text{该车间本月提供产品或劳务总量}-\text{其他辅助生产车间耗用量}}$$

$$\text{某受益对象分配额}=\text{该受益对象耗用量}\times\text{耗用辅助生产产品或劳务的单位成本}$$

【例4－4】 宏发服装厂8月份各辅助生产车间发生的生产费用和提供产品、劳务的情况如表4－6所示。根据表4－6中有关资料，采用直接分配法分配各辅助车间生产费用。

表4－6　　辅助生产费用及产品、劳务供应汇总表

××年8月　　单位：元

辅助生产车间 / 受益对象	供电车间		机修车间	
	本月生产费用（元）	本月供电（度）	本月生产费用（元）	本月修理（工时）
供电车间		—		2 500
机修车间		3 000		—
小　计		3 000		2 500
基本生产——甲产品		18 000		—
——乙产品		17 300		—
——丙产品		21 600		—
第一基本生产车间		5 500		8 200
第二基本生产车间		5 100		8 800
企业行政管理部门		4 500		3 000
小　计		72 000		20 000
合　计	18 000	75 000	90 000	22 500

第一步，计算各辅助生产车间产品或劳务的单位成本（即费用分配率）。

$$\text{供电车间电费单位成本}=\frac{\text{供电车间生产费用总额}}{\text{供电车间本月供电量}-\text{机修车间耗电量}}$$

$$=\frac{18\ 000}{75\ 000-3\ 000}=0.25\ (\text{元/度})$$

$$\text{机修车间修理费单位成本}=\frac{\text{机修车间生产费用总额}}{\text{机修车间本月修理量}-\text{供电车间耗用量}}$$

$$=\frac{90\ 000}{22\ 500-2\ 500}=4.5\ (\text{元/小时})$$

第二步，根据上述计算结果计算各受益对象应负担的辅助生产费用，并编制“辅助生产费用分配表”（见表4－7）。

表4－7　　辅助生产费用分配表（直接分配法）

××年8月　　单位：元

项　目	供电车间			机修车间			合　计
	数　量	分配率	分配额	数　量	分配率	分配额	
应分配的辅助生产费用	72 000	0.25	18 000	20 000	4.50	90 000	108 000
生产成本——甲产品	18 000		4 500				4 500
生产成本——乙产品	17 300		4 325				4 325
生产成本——丙产品	21 600		5 400				5 400
制造费用——第一车间	5 500		1 375	8 200		36 900	38 275
制造费用——第二车间	5 100		1 275	8 800		39 600	40 875
管理费用	4 500		1 125	3 000		13 500	14 625
合　计	72 000		18 000	20 000		90 000	108 000

根据“辅助生产费用分配表”做账务处理如下：

借：生产成本——基本生产成本（甲产品）　　4 500
　　　　　　——基本生产成本（乙产品）　　4 325
　　　　　　——基本生产成本（丙产品）　　5 400
　　制造费用——第一车间　　1 375
　　　　　　——第二车间　　1 275
　　管理费用　　1 125
　　贷：生产成本——辅助生产成本（供电车间）　　18 000

借：制造费用——第一车间　　36 900
　　　　　　——第二车间　　39 600
　　管理费用　　13 500
　　贷：生产成本——辅助生产成本（机修车间）　　90 000

方法评价：采用直接分配法的优点是简便易行，但由于在计算分配时扣除了辅助车间之间相互提供产品或劳务的数量，因而分配结果不够准确。这种方法适用于辅助生产车间之间相互提供产品或劳务较少，或相互分配费用悬殊较小的辅助生产。

2. 交互分配法

交互分配法是在各辅助生产车间之间相互提供的产品或劳务进行交互分配后，再对辅助生产车间之外的受益单位进行分配的方法。其分配程序仍为两个步骤：

第一步，根据各辅助生产车间相互提供劳务的数量和交互分配前的单位成本（费用分配率）在辅助生产车间之间进行交互分配。这次分配又称为“对内分配”。

第二步，将各辅助生产车间交互分配后的实际费用（＝交互分配前的费用＋交互分配时转入的费用－交互分配时转出的费用），在辅助生产车间以外的各受益单位之间进行分配。这次分配又称为“对外分配”。其计算公式为：

第一步（交互分配）：

$$\text{某辅助生产车间产品或劳务单位成本（交互分配率）}=\frac{\text{该辅助车间生产费用总额}}{\text{该辅助车间本月提供产品或劳务总量}}$$

$$\text{某辅助车间分配额}=\text{该受益对象耗用量}\times\text{某辅助生产车间产品或劳务单位成本（交互分配率）}$$

第二步（对外分配）：

$$\text{某辅助生产车间产品或劳务单位成本（对外分配率）}=\frac{\text{某辅助车间生产费用总额}+\text{其他辅助车间分来的费用}-\text{分配给其他辅助车间的费用}}{\text{该辅助车间本月提供产品或劳务总量}-\text{分配给其他辅助车间的产品或劳务数量}}$$

$$\text{某受益对象分配额}=\text{该受益对象耗用量}\times\text{某辅助生产车间产品或劳务单位成本（对外分配率）}$$

【例 4－5】 承例 4－4，采用交互分配法进行辅助生产费用分配。

第一步，辅助生产车间之间生产费用的交互分配：

供电车间交互分配率＝18 000/75 000＝0.24（元/度）

机修车间应承担的电费＝3 000×0.24＝720（元）

机修车间交互分配率＝90 000/22 500＝4（元/工时）

供电车间应承担的修理费＝2 500×4＝10 000（元）

第二步，将辅助车间交互分配后的生产费用在辅助车间之外的受益单位之间进行分配：

供电车间对外分配率＝(18 000＋10 000－720)/(75 000－3 000)＝0.3789(元/度)

机修车间对外分配率＝(90 000＋720－10 000)/(22 500－2 500)＝4.036(元/工时)

根据表 4－6 中的有关资料和上述计算结果，编制“辅助生产费用分配表”（见表 4－8）。

表 4－8 **辅助生产费用分配表**（交互分配法）

××年 8 月 单位：元

项目		供电车间			机修车间			合计
		数量	分配率	分配额	数量	分配率	分配额	
第一步应分配的辅助生产费用		75 000	0.24	18 000	22 500	4.00	90 000	108 000
交互分配	供电车间			10 000	－2 500		－10 000	
	机修车间	－3 000		－720			720	
第二步应分配的辅助生产费用		72 000	0.3789	27 280	20 000	4.036	80 720	108 000
对外分配	生产成本——甲产品	18 000		6 820				
	生产成本——乙产品	17 300		6 555				
	生产成本——丙产品	21 600		8 184				
	制造费用——第一车间	5 500		2 084	8 200		33 095	
	制造费用——第二车间	5 100		1 932	8 800		35 517	
	管理费用	4 500		1 705	3 000		12 108	
	合计	72 000		27 280	20 000		80 720	108 000

根据“辅助生产费用分配表”做账务处理如下：

交互分配：

借：生产成本——辅助生产成本（机修车间） 720

　　贷：生产成本——辅助生产成本（供电车间） 720

借：生产成本——辅助生产成本（供电车间） 10 000
　　贷：生产成本——辅助生产成本（机修车间） 10 000

对外分配：

借：生产成本——基本生产成本（甲产品） 6 820
　　　　　　——基本生产成本（乙产品） 6 555
　　　　　　——基本生产成本（丙产品） 8 184
　　制造费用——第一车间 2 084
　　　　　　——第二车间 1 932
　　管理费用 1 705
　　贷：生产成本——辅助生产成本（供电车间） 27 280

借：制造费用——第一车间 33 095
　　　　　　——第二车间 35 517
　　管理费用 12 108
　　贷：生产成本——辅助生产成本（机修车间） 80 720

方法评价：采用交互分配法对各辅助生产车间之间相互提供的劳务和产品进行交互分配，在一定程度上提高了分配结果的准确性。但因各种辅助生产费用都要计算两次单位成本，进行两次分配，增加了计算工作量，所以这种方法一般适用于辅助生产车间不多的企业采用。

3. 计划成本分配法

计划成本分配法是指按照辅助生产车间提供产品或劳务的计划单价和各受益对象的实际耗用量进行分配，然后再将其调整为实际成本的方法。其分配程序为：

第一步，按计划成本分配。按计划单价和实际耗用量对包括辅助生产车间在内的受益对象进行分配。

第二步，结转分配成本差异。将各辅助车间实际发生的费用，加上按计划单价、实际耗用量计算的，由其他辅助车间交互分配转入的费用，再减去本车间按计划单价分配转出的费用后的差额，按一定的分配标准（一般采用实际耗用量比例），分配给辅助车间以外的各受益对象。成本差异分配计算公式如下：

$$\text{某辅助车间成本差异额}=\boxed{\text{各辅助车间实际发生的费用}}+\boxed{\text{按计划单价、实际耗用量计算的，由其他辅助车间交互分配转入的费用}}-\boxed{\text{本车间按计划单价分配转出的费用}}$$

$$\text{某辅助车间成本差异率}=\frac{\text{该辅助车间成本差异额}}{\text{该辅助生产车间以外的各受益对象耗用的劳务或产品数量之和}}$$

$$\text{某受益对象应承担的辅助车间成本差异}=\text{该受益对象耗用的劳务或产品数量}\times\text{某辅助车间成本差异率}$$

【例4－6】 仍以例4－4资料为例，假定该企业供电车间每度电的计划单价为0.26元，机修车间每工时修理费计划单价为4.00元，其余资料同表4－6。实际成本与计划的差额按各受益对象实际耗用量比例分配。采用计划成本分配法编制“辅助生产费用分配表”（见表4－9）。

表 4－9　　辅助生产费用分配表（计划成本分配法）

××年8月　　单位：元

项　目		供电车间			机修车间			合　计
		数　量	分配率	分配额	数　量	分配率	分配额	
第一步应分配的辅助生产费用		75 000	0.26	18 000	22 500	4.00	90 000.00	109 500.00
按计划单价分配	供电车间				2 500	4.00	10 000.00	10 000.00
	机修车间	3 000		780.00				780.00
	生产成本——甲产品	18 000		4 680.00				4 680.00
	生产成本——乙产品	17 300		4 498.00				4 498.00
	生产成本——丙产品	21 600		5 616.00				5 616.00
	制造费用——第一车间	5 500		1 430.00	8 200		32 800.00	34 230.00
	制造费用——第二车间	5 100		1 326.00	8 800		35 200.00	36 526.00
	管理费用	4 500		1 170.00	3 000		12 000.00	13 170.00
	合　计	72 000		19 500.00	22 500		90 000.00	109 500.00
第二步应分配的成本差异		72 000	0.1181	8 500.00	20 000	0.039	780.00	9 280.00
结转分配成本差异	生产成本——甲产品	18 000		2 125.00				2 125.00
	生产成本——乙产品	17 300		2 042.36				2 042.36
	生产成本——丙产品	21 600		2 550.00				2 550.00
	制造费用——第一车间	5 500		649.31	8 200		319.80	969.11
	制造费用——第二车间	5 100		602.08	8 800		343.20	945.28
	管理费用	4 500		531.25	3 000		117.00	648.25
	合　计	72 000		8 500.00	20 000		780.00	9 280.00

表4－9 中成本差异分配计算如下：

供电车间成本差异额＝18 000＋10 000－19 500＝8 500（元）

供电车间成本差异分配率＝8 500/72 000＝0.1180556（元/度）

机修车间成本差异额＝90 000＋780－90 000＝780（元）

机修车间成本差异分配率＝780/20 000＝0.039（元/工时）

根据表4－9，做账务处理如下：

• 按计划成本分配：

借：生产成本——辅助生产成本（机修车间）　780
　　　　　——基本生产成本（甲产品）　4 680
　　　　　——基本生产成本（乙产品）　4 498
　　　　　——基本生产成本（丙产品）　5 616
　　制造费用——第一车间　1 430
　　　　　——第二车间　1 326
　　管理费用　1 170
　　贷：生产成本——辅助生产成本（供电车间）　19 500

借：生产成本——辅助生产成本（供电车间）　10 000

制造费用——第一车间 32 800
——第二车间 35 200
管理费用 12 000
贷：生产成本——辅助生产成本（机修车间） 90 000

• 成本差异结转分配：

借：生产成本——基本生产成本（甲产品） 2 125.00
——基本生产成本（乙产品） 2 042.36
——基本生产成本（丙产品） 2 550.00
制造费用——第一车间 649.31
——第二车间 602.08
管理费用 531.25
贷：生产成本——辅助生产成本（供电车间） 8 500.00

借：制造费用——第一车间 319.80
——第二车间 343.20
管理费用 117.00
贷：生产成本——辅助生产成本（机修车间） 780.00

企业在进行“成本差异分配”时，若实际成本小于计划成本，其计算结果为负数，分录中的金额应用红字反映，表示冲减已入账的计划成本；若实际成本与计划成本之间的差额较小，为简化核算，可将其差额全部借记“管理费用”（或“制造费用”）账户，贷记“生产成本——辅助生产成本（××辅助生产车间）”账户，超支用蓝字，节约用红字。

方法评价：从例 4-6 中可以看出，计划成本分配法的基本原理与交互分配法基本相同，不同之处是第一步按计划单价进行辅助生产费用的分配。采用这种方法，可以避免因某个辅助生产车间成本核算工作不及时而影响整个企业的成本核算工作。尤其是简化后的计划成本分配法，各辅助生产车间的生产费用，均按事先确定的计划单价只分配一次，不需单独计算费用分配率，因此简化了计算工作。此外，通过辅助生产成本差异的计算，还可反映、监督辅助生产成本计划的执行情况。由于按计划成本进行辅助生产费用的分配将影响到辅助生产成本核算的准确性，因此这种方法适用于计划成本资料完整、并较为接近实际成本的企业。

4. 代数分配法

代数分配法是运用代数中的多元一次方程组计算辅助生产产品或劳务的单位成本（即分配率），再按辅助车间以外受益对象的实际耗用量分配辅助生产费用的方法，即一次性地按分配率将辅助生产费用分配给辅助车间以外的受益对象。

【例 4-7】 仍以例 4-4 资料说明代数分配法的应用。

设：X 为每度电的成本，Y 为每工时修理费的成本，联立二元一次方程组：

$$\begin{cases} 18\ 000 + 2\ 500Y = 75\ 000X & (1) \\ 90\ 000 + 3\ 000X = 22\ 500Y & (2) \end{cases}$$

解联立方程组，得：

$$\begin{cases} X = 0.375\text{（元/度）} \\ Y = 4.05\text{（元/工时）} \end{cases}$$

根据上述计算结果，编制辅助生产费用分配表（见表 4-10）。

表 4－10　　辅助生产费用分配表（代数分配法）

××年 8 月　　单位：元

项　目	供电车间			机修车间			合　计
	数　量	分配率	分配额	数　量	分配率	分配额	
应分配的辅助生产费用	75 000	0.375	28 125.00	22 500	4.05	91 125	119 250.00
生产成本——甲产品	18 000		6 750.00				6 750.00
生产成本——乙产品	17 300		6 487.50				6 487.50
生产成本——丙产品	21 600		8 100.00				8 100.00
制造费用——第一车间	5 500		2 062.50	8 200		33 210	35 272.50
制造费用——第二车间	5 100		1 912.50	8 800		35 640	37 552.50
管理费用	4 500		1 687.50	3 000		12 150	13 837.50
合　计	72 000		27 000.00	20 000		81 000	108 000.00

根据表 4－10，做如下账务处理：

借：生产成本——基本生产成本（甲产品）　6 750.00
　　　　　　——基本生产成本（乙产品）　6 487.50
　　　　　　——基本生产成本（丙产品）　8 100.00
　　制造费用——第一车间　2 062.50
　　　　　　——第二车间　1 912.50
　　管理费用　1 687.50
　　贷：生产成本——辅助生产成本（供电车间）　27 000.00
借：制造费用——第一车间　33 210
　　　　　　——第二车间　35 640
　　管理费用　12 150
　　贷：生产成本——辅助生产成本（机修车间）　81 000

方法评价：由上例可以看出，代数分配法的最大优点是计算准确。但若辅助车间过多将使计算工作复杂化，因而这种方法主要适用于辅助车间较少，或需交互分配的辅助生产费用较少的企业。

由于采用不同方法所分配的辅助生产费用存在一定的差异，因此在实际工作中，企业应根据其具体情况选择辅助生产费用的分配方法，一经选定，不应轻易更改，以保证各期成本费用的可比性。

知识链接

几种辅助生产费用分配方法应用的比较

计算越简便的方法结果越不准确，如直接分配法；计算结果越准确方法越复杂，如交互分配法和代数分配法；使用起来方便但需要平时的工作积累，如计划成本分配法。

辅助生产车间多的企业宜采用计算简便的方法，计划成本管理水平高的企业则宜选择计划成本分配法。

第三节 制造费用的核算

一、制造费用的归集

制造费用，是指企业的生产单位（车间或分厂）为组织和管理生产所发生的各项生产费用。制造费用中的大部分间接用于产品生产，费用项目繁多，内容复杂。为了简化会计核算，减少费用项目，企业应根据其生产特点和管理要求，采取合并、自行设立费用项目归集制造费用。制造费用项目一经确定，不应随意改变。

制造费用的核算应设置“制造费用”账户，并按不同的车间、部门设置明细分类账，在明细分类账中按费用项目设专栏归集各类费用的实际发生数。归集时，应根据费用发生的有关凭证和费用分配表，在制造费用总账及所属明细账借方进行登记，其账务处理为：

借：制造费用——××车间

  贷：原材料

    应付职工薪酬

    累计折旧

    银行存款等

假设根据有关费用分配表归集某企业第一车间的制造费用，登记制造费用明细账（见表4－11）。

表4－11 制造费用明细账

第一车间 单位：元

××年		凭证号数	摘要	费用项目								
月	日			职工薪酬	折旧费	办公费	周转材料摊销	机物料消耗	水电费	修理费	其他	合计
8	×		根据职工薪酬费用分配表	1 787.52								1 787.52
	×		根据折旧费分配表		6 784.80							6 784.80
	×	（略）	根据长期预付费用分配表				3 500					3 500
	×		根据原材料费用分配汇总表					9 400				9 400
	×		根据动力费用分配表						8 800			8 800
	×		根据辅助生产费用分配表						2 084	33 095		35 179
	×	（略）	根据其他费用分配表			598.48					4 200	4 798.48
	31		合　计	1 787.52	6 784.80	598.48	3 500	9 400	10 884	33 095	4 200	70 249.80
	31		结转本期发生额	-1 787.52	-6 784.80	-598.48	-3 500	-9 400	-10 884	-33 095	-4 200	-70 249.80

二、制造费用的分配

制造费用归集汇总后，应于月末将其分配给各受益对象。对于只生产一种产品或劳务的生产车间，制造费用是直接费用，不存在分配问题，单独设账进行核算的目的是为了加强管理与控制。对于生产多种产品或劳务的车间，制造费用还要在各成本计算对象之间进行分配。现仅以基本生产车间制造费用的分配为例，说明制造费用的分配方法。单独设置“制造费用——辅助生产成本”账户核算辅助生产车间制造费用的，其分配方法基本相同。

制造费用的分配常用的方法有以下几种：

（一）生产工时比例法

生产工时比例法，是指以各种产品所消耗的生产工时为标准分配的方法，其计算公式为：

$$\text{某车间制造费用分配率}=\frac{\text{应分配的制造费用总额}}{\text{该车间各种产品的生产工时总数}}$$

某种产品制造费用分配额 = 该种产品生产工时 × 制造费用分配率

【例 4－8】 根据例 4－4 资料，宏发服装厂第一车间甲产品耗用生产工人工时为 52 650 小时，乙产品耗用工时为 28 350 小时，第二车间丙产品耗用工时为 74 400 小时。该厂按生产工人工时比例分配制造费用。计算如下：

$$\text{第一车间制造费用分配率}=\frac{64\ 800}{81\ 000}=0.80\ （元/小时）$$

甲产品分配额 = 52 650 × 0.80 = 42 120（元）

乙产品分配额 = 28 350 × 0.80 = 22 680（元）

第二车间因只有一种产品，所以全部制造费用由丙产品负担，不进行分配。根据计算结果，编制“制造费用分配表”（见表 4－12）。

表 4－12　　制造费用分配表（生产工时比例法）

××车间　　××年 8 月

项目 产品或车间名称	生产工人工时	分配率	分配额（元）
甲产品	52 650		42 120
乙产品	28 350		22 680
小　计	81 000	0.80	64 800
丙产品	74 400		55 800
供电车间			9 748
机修车间			39 800
合　计	155 400		170 148

根据表 4－12 做账务处理如下：

借：生产成本——基本生产成本（甲产品）　　42 120

　　　　　——基本生产成本（乙产品）　　22 680

——基本生产成本（丙产品） 55 800
生产成本——辅助生产成本（供电车间） 9 748
——辅助生产成本（机修车间） 39 800
贷：制造费用——第一车间 64 800
——第二车间 55 800
——供电车间 9 748
——机修车间 39 800

方法评价：按生产工时比例分配制造费用，不仅能反映劳动生产率的升降对产品费用水平的影响，而且工时资料较易取得，因而在实际工作中的应用较为普遍。

（二）直接成本比例法

直接成本比例法，是指以各种产品的直接成本比例为标准分配制造费用的方法。直接成本是指能直接归属于某种产品的成本，即以产品成本项目中“直接材料”与“直接人工”之和构成的成本。这种方法适用于直接成本与制造费用之间存在着一定的比例关系的车间。其计算公式为：

$$\text{某车间制造费用分配率}=\frac{\text{应分配的制造费用总额}}{\text{各种产品直接成本之和}}$$

$$\text{某受益对象分配额}=\text{该受益对象直接成本}\times\text{制造费用分配率}$$

【例4－9】 以表4－12资料中第一车间的制造费用分配为例，设该企业第一车间甲、乙产品本月耗用直接材料分别为30 240元、12 960元，按直接成本比例法分配制造费用计算如下：

$$\text{第一车间制造费用分配率}=\frac{64\ 800}{30\ 240+12\ 960}=1.5$$

月末，编制制造费用分配表（见表4－13）。

表4－13 制造费用分配表（直接成本比例法）

××车间 ××年8月

产品名称	直接材料费用	分配率	分配额（元）
甲产品	30 240		45 360
乙产品	12 960		19 440
合　计	43 200	1.5	64 800

方法评价：采用直接成本比例法分配制造费用与上述方法的分配结果略有不同，这说明费用分配方法的选择直接影响到费用分配的准确性及合理性。在多数情况下，制造费用的发生与直接费用并无直接关系。因此，这种方法适用于各种产品中所包含的直接费用比重基本相同的企业。其账务处理同例4－8。

（三）计划分配率法

计划分配率法，又称“预定分配率法”，是根据企业在正常经营条件下的年度制造费用的预定计划分配率进行分配的，实际与预定计划分配额的差异，在年终时按已分配数的比例

调整。其计算公式如下：

$$预定计划分配率=\frac{年度制造费用计划总数}{年度计划业务量（工时或生产工人工资）}$$

$$某受益对象分配额=\frac{该受益对象本月实际业务量}{（工时或生产工时）}\times 预定计划分配率$$

【例 4－10】 永嘉棉纺厂纺纱制糖车间属季节性生产车间，年度制造费用计划数为 168 000元，全年计划生产甲、乙两种产品的定额总工时为 6 万小时。本月甲产品实耗工时为 6 000 小时，乙产品实耗工时为 3 750 小时，按预定计划分配率法计算如下：

$$制造费用年度预定计划分配率=\frac{168\ 000}{60\ 000}=2.80（元/小时）$$

- 月末，编制“制造费用分配表”（见表 4－14）。

表 4－14　　制造费用分配表（计划分配率法）

××车间　　××年 8 月

产品名称	实际生产工时	计划分配率	分配额（元）
甲产品	6 000		16 800
乙产品	3 750		10 500
合　计	9 750	2.8	27 300

根据“制造费用分配表”，账务处理如下：

借：生产成本——基本生产成本（甲产品）　16 800
　　　　　　——基本生产成本（乙产品）　10 500
　贷：制造费用——××车间　27 300

- 年终，该车间制造费用账户贷方余额为 4 500 元，按计划分配率甲产品已分配 104 160元，乙产品已分配 63 840 元，按已分配比例进行调整。由于实际发生的制造费用（163 500 元）小于计划分配数（168 000 元），故应调整减少各种产品的制造费用。

甲产品调整数＝104 160/168 000×4 500＝2 790（元）

乙产品调整数＝63 840/168 000×4 500＝1 710（元）

借：生产成本——基本生产成本（甲产品）　－2 790
　　　　　　——基本生产成本（乙产品）　－1 710
　贷：制造费用——××车间　－4 500

方法评价：采用计划分配率法可以简化制造费用的日常核算工作，提高企业成本核算工作的及时性，并且由于各月分配率相同，有利于均衡产品成本水平。采用这种方法的企业应具有较高的计划管理水平，若计划分配额与实际发生额差额过大，将影响制造费用分配的准确性，从而影响成本计算的正确性，年末调整时，还将导致 12 月的产品成本骤升或骤降。因此，在采用计划分配率法时，若因实际情况发生重大变化而不太符合实际，导致制造费用偏高或偏低时，应及时进行调整，使制造费用的分配结果更加合理。

第四节 生产损失费用的核算

生产损失，是指企业在生产过程中，由于产品生产上的原因而发生的各种损失。生产损失包括：

- 由于制造了不合格产品而发生的废品损失；
- 由于机器设备发生故障被迫停工等而造成的停工损失；
- 由于对在产品管理不善而造成的在产品盘亏、毁损、变质损失等。

生产损失都是与产品生产直接有关的损失，因此生产损失应由产品生产成本承担。

企业应根据具体情况确定生产损失的核算方法。如果生产损失偶尔发生，金额较小，对产品成本影响不大，则可不必对生产损失单独核算，其发生额可计入正常的成本项目中，增加其单位成本；如果生产损失发生频繁，且数额较大，对产品成本影响较大，则需对其进行单独核算，必要时可设置“废品损失”、“停工损失”成本项目或账户予以揭示，单独归集生产损失，计算损失数额。

一、废品损失的核算

（一）废品损失的内容

废品损失核算总结

生产中的废品，是指不符合规定的技术标准，不能按照原定用途使用，或者需要重新加工修理才能使用的在产品、半成品或产成品。不论是在生产过程中，还是在入库后发现的废品，都应包括在内。

废品应按不同的标准进行分类，常用的分类有以下两种：

1. 按废品产生的原因分为工废和料废

工废是指在产品生产过程中，由于加工工艺技术、工人操作方法、技术水平等方面的缺陷而产生的废品。料废是指由于材料的质量、规格、性能不符合产品加工要求而产生的废品。

2. 按消除废品缺陷的可能性和经济性分为可修复废品和不可修复废品

可修复废品，是指经过修理可以使用，而且所花费的修复费用在经济上是合算的废品。

不可修复的废品，指不能修复，或者所花费的修复费用在经济上不合算的废品。

废品的产生，实际上增大了企业的完工产品成本，降低了企业的经济效益。因此，正确组织废品损失的核算，对于改进生产技术、提高产品质量、降低产品成本、提高经济效益，都有着重要意义。

废品损失，是指因生产的原因造成废品所发生的损失。废品损失包括：在生产过程中和入库时发现的不可修复废品的生产成本以及可修复废品的修复费用、扣除回收的废品残料价值和应由过失单位或个人赔款以后的净损失。

经过质量检验部门鉴定不需要返修、可以降价出售的不合格品的成本与合格品的成本相同；其降价损失，应在计算销售损益中体现，不应作为废品损失处理。产成品入库后，由于保管不善等原因而损坏变质的损失，属于管理上的问题，应作为管理费用处理，也不作为废品损失处理。实行包退、包修、包换“三包”的企业，在产品出售以后发现的废品所发生的一切损失，应计入销售费用，不包括在废品损失内。

知识链接

如何确认已售产品废品损失

废品损失首先应是由生产原因造成的损失，但在会计实务中不是所有因生产原因导致的废品都记入“废品损失”。为分清责任、方便核算，一般在企业内发现的即可确认废品损失，当产品出厂后从实质上讲虽然仍是损失，但在会计核算上一般是记入“管理费用”而不记入“废品损失”。

（二）废品损失核算的账户设置

废品损失的核算一般有单独核算废品损失和不单独核算废品损失两种方式。前者适用于产品生产中易发生废品，管理上需单独考核“废品损失”及有关费用项目指标的企业，反之则采用后者。

在不单独核算废品损失的企业中，可修复废品的损失应直接计入有关的成本项目；不可修复废品只扣除产量，不结转成本；废品的残料价值可直接冲减相应产品成本明细账中的“直接材料”成本项目。

在单独核算废品损失的企业中，可以单独设置“废品损失”总账，也可以在“生产成本”总账及二级账户下设置“废品损失”明细账，在“废品损失”明细账下分车间、按产品设置账页，账内按成本项目设专栏进行核算。“废品损失”账户借方归集可修复废品的修复费用和不可修复废品的实际生产成本及退回废品的运杂费；贷方登记废品残料回收的价值和应收赔偿款，以及计入当期产品成本的净损失。该账户月末一般无余额。

（三）不可修复废品损失的核算

不可修复废品的损失，是指不可修复废品的生产成本扣除废品残料和赔偿款后的净损失。对于不可修复废品损失，应当先确定其生产成本。该成本可以按实际成本计算，也可按定额成本计算。

1. 按实际成本计算的不可修复废品的核算

不可修复废品确定报废前，所发生的实际成本是与合格品一起归集在“生产成本”账户借方，发生不可修复废品时，无法直接从“生产成本”账户上确定其实际成本，为此，需要将归集在“生产成本”账户上的实际生产成本，按照一定的方法在合格品和不可修复废品之间进行分配。

生产费用在不可修复废品与合格品之间的分配方法决定于不可修复废品发生的不同阶段：

- 当不可修复废品发生在完工入库时，合格品与废品应负担同等的费用，因而可以按二者的产量作为分配标准进行分配。其计算公式为：

$$\text{费用分配率}=\frac{\text{应分配的生产费用}}{\text{合格品产量}+\text{不可修复废品数量}}$$

合格品应负担的费用 = 合格品产量 × 费用分配率

不可修复废品应负担的生产费用 = 不可修复废品数量 × 费用分配

● 对于生产过程中发生的废品，若原材料系一次投入，则原材料等直接材料仍可按产量作为分配标准，其他费用则应按生产工时作为分配标准；若原材料系分次投入，并与完工程度一致，则应按废品的约当产量（即以废品数量乘以废品完工程度）作为分配标准进行分配。计算公式与上述相同，只须将公式中的"产量"换成"生产工时"或"约当产量"即可。如果原材料费用在生产费用中所占比重较大，为简化核算，也可只将原材料费用在废品与合格品之间分配，其他费用则全部由合格品负担。

【例 4－11】 万达工厂一车间本月完工甲产品 3 000 件，入库时，经检验合格品为 2 970 件，不可修复废品 30 件。本月生产共耗用 2 500 工时，其中废品生产耗用 25 工时。本月生产费用直接材料 6 万元，直接人工 15 000 元，制造费用 27 000 元，废品残值估价 400 元，已交仓库验收入库，应由过失人赔偿 120 元。原材料系一次投入。假定该企业的直接材料费用按产量比例分配，其他费用按工时比例分配。根据以上资料编制"废品损失计算表"（见表 4－15）。

表 4－15 **废品损失计算表**

××年 8 月

××车间 产品名称：甲产品 单 位：元

项 目	直接材料	直接人工	制造费用	合 计
生产费用总额	60 000	15 000	27 000	102 000
分配标准	2 970 +30	2 475 +25	2 475 +25	
分配率	20	6	10.8	
废品成本	600	150	270	1 020
减：残值	400			400
赔款		120		120
废品损失	200	30	270	500

根据"废品损失计算表"及有关凭证，做如下账务处理：

● 结转不可修复废品成本：

借：废品损失——甲产品　　1 020

　贷：生产成本——基本生产成本（甲产品）　　1 020

● 结转废品残料价值：

借：原材料　　400

　贷：废品损失——甲产品　　400

● 结转应由过失人赔偿款项：

借：其他应收款——×××　　120

　贷：废品损失——甲产品　　120

● 将废品净损失转入合格品成本：

借：生产成本——基本生产成本（甲产品）　　500

　贷：废品损失——甲产品　　500

需要注意的是，上述账务处理中，结转不可修复废品成本时，是将归集在“生产成本——基本生产成本（甲产品）”账户的“直接材料”、“直接人工”、“制造费用”等成本项目借方中的废品损失由贷方转出；而将废品净损失转入合格品成本时，则是将在“废品损失——甲产品”账户确定的废品净损失转入“生产成本——基本生产成本（甲产品）”账户“废品损失”成本项目，如图 4 – 3 所示。

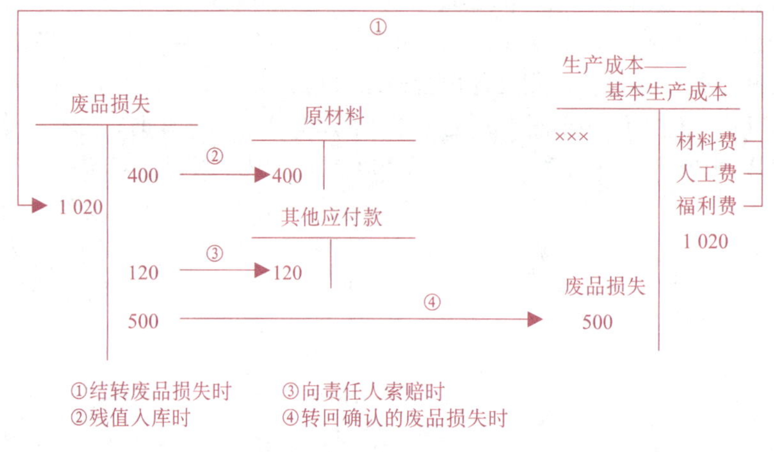

图 4 – 3

按实际成本计算、分配废品损失，其结果较为准确，但工作量较大，并且只能在月末产品生产费用算出后才能进行，不利于及时控制废品损失。

2. 按定额成本计算的不可修复废品损失的核算

按定额成本计算不可修复废品损失是将不可修复品按照工时定额和各种费用定额计算废品成本，实际成本与定额成本的差额全部由合格品负担。

【例 4 – 12】 假设万达工厂一车间验收时发现甲产品中不可修复废品 30 件，每件甲产品的费用定额为直接材料 22 元，直接人工 5.5 元，制造费用 11 元。其他资料同例 4 – 11。根据上述资料编制“废品损失计算表”（见表 4 – 16），相关账务处理同例 4 – 11。

表 4 – 16　　废品损失计算表

××年 8 月

××车间　　产品名称：甲产品　　单位：元

项　目	直接材料	直接人工	制造费用	合　计
单位产品费用定额	21.50	5.50	11.00	38.00
废品定额成本	645.00	165.00	330.00	1 140.00
减：残值	400.00			400.00
赔款		120.00		120.00
废品损失	200.00	30.00	270.00	500.00

采用费用定额计算废品成本方法简便、计算及时，有利于控制废品损失，故应用较为广泛。此方法适用于定额成本资料较完善、准确的企业。

（四）可修复废品损失的核算

可修复废品损失，是指在废品修复过程中所发生的修复费用，包括为修复废品所耗用的直接材料、直接人工、制造费用等。可修复废品损失的核算与不可修复废品损失的核算基本相同，不同之处在于前者核算的目的是归集修复费用并确认损失；后者的核算目的仅仅是确认损失。可修复废品发生的各种修复费用，应根据各种费用分配表归集在“废品损失”账户及其有关明细账的借方，如有残值回收和应收赔偿款，应抵减废品成本，即分别根据“废料交库单”和有关结算凭证，将残料价值由“废品损失”账户的贷方转入“原材料”等有关账户的借方，将应收赔偿款由“废品损失”账户的贷方转入“其他应收款”账户的借方；最后，将废品净损失（即修复费用减去残值和赔款的差额）由“废品损失”账户贷方转入“生产成本”账户借方废品损失成本项目。

二、停工损失的核算

停工损失核算总结

（一）停工损失的含义

停工损失，是指企业或生产车间、班组因停工而发生的各种支出，包括停工期间支付的生产工人工资、职工福利费、耗用的燃料和动力以及应负担的制造费用。

企业停工的原因多种多样，有计划内停工，如因计划减产、季节性停产期间造成的停工；计划外停工，如各种事故（停工待料、电力中断、设备故障等）和非常灾害等造成的停工。在单独核算停工损失的情况下，停工损失一般应单独计入产品成本，但不是所有的停工损失都要计入产品成本。对于计划减产造成全厂连续停产 10 天以上，或企业主要生产车间连续停产 1 个月以上，以及非常灾害造成的停工损失，应计入营业外支出而不计入产品成本，对于季节性停产、修理期间停产以及全车间或一个班组停工不满 1 个工作日的停工损失，应计入制造费用；对辅助生产车间发生的停工损失，可直接计入辅助生产费用，而不能直接计入产品成本。

（二）停工损失的核算

停工损失的核算应以“停工通知单”作为核算的原始凭证。在“停工通知单”中，应填明停工原因、停工时间、应计工人工资、经济责任单位或人员等。财会部门须根据经有关部门、领导审核签章后的“停工通知单”核算停工损失。

核算停工损失，可单独设置“停工损失”总账，下面再分车间按产品设置明细账，明细账中按成本项目设置专栏反映停工损失，也可以在“生产成本”账户下设置“停工损失”二级账。“停工损失”账户借方归集因停工发生的各项费用；贷方登记结转应由过失单位或个人赔偿的款项，以及应转出和分配到产品成本中的损失；月末若停工终止，则该账户应无余额，若继续停工，其停工损失可不结转，待停工终止后再进行结转，因此，该账户可能出现借方余额。

停工损失核算的基本程序如下：

（1）企业发生停工损失时，根据审核后的“停工通知单”和有关费用分配表的账务处理为：

借：停工损失——××车间
　　贷：应付职工薪酬
　　　　制造费用

（2）结转过失单位或个人赔偿款项，做如下账务处理：

借：其他应收款——×××
　　贷：停工损失——××车间

（3）按规定应转为营业外支出的停工损失，做如下账务处理：

借：营业外支出
　　贷：停工损失——××车间

（4）将停工损失结转产品成本，做如下账务处理：

借：生产成本——基本生产成本（产品）
　　贷：停工损失——××车间

对于较少发生停工损失的企业，也可不单独设置“停工损失”账户，停工期间发生的费用，可记入“制造费用”账户。

第五章
生产费用在完工产品与在产品之间分配的核算

【学习目的和要求】

- 理解在产品的概念
- 了解在产品台账的设置方法和在产品清查的核算
- 掌握生产费用在完工产品和在产品之间分配的几种主要方法

导入案例

9月份，王蓉参加了一个国际服装纺织品博览会，幸运地拿到了一个不错的订单。按照要求，服装需在3个月内完成。为保证产品质量不出差错并按期交货，王蓉每天都在车间里盯着。在成品库查验第一批成品时，王荣发现这批服装的上衣和裤子的加工进度差距较大，即一个工单中，当裤子已经全部完成，上衣却还有30%处于在产品和半成品阶段。这样，不仅增加了加工裤子的车间半成品库的压力，也影响了每个工单的成套率。于是，王蓉当机立断，对车间的人员、设备进行调整，保持各加工环节的协调性，提高了各工单的成套率。

案例解析

在学习成本会计时，必须明确成本核算的目的不是为了计算一共投入了多少料工费，而是要算出每单位产品的生产成本究竟是多少，如一件制服、一条裙子、一顶帽子投入的料工费，即单位成本。因为只有当我们计算出单位产品的生产成本，才能够为成本控制、制定售价、市场定位等工作打下基础。

在制造业，企业生产具有连续性，各项费用需要连续不断地投入，产品也会陆续产出，因而在生产的各个环节都存在不同加工进度的在产品，如王蓉企业加工的服装，自完成裁剪工序到完成检验送到成品库前的在产品和半成品均属此列。因为完工产品的费用与在产品费用都归集在“生产成本”账户的借方，要计算完工产品成本，就需要确定未完工产品成本，即将归集的生产费用，在完工产品和在产品之间进行分配，以计算出完工产品的总成本和单位成本。

第一节　在产品的数量核算

一、在产品的概念

在产品，是指没有完成企业全部生产过程，不能作为商品销售的产品。

在产品有广义和狭义之分：

狭义在产品，是指正在各个车或各生产步骤加工的在制品。像本书第九章图 9－1 中列示的，狭义在产品仅指第一步骤在产品 500 元、第二步骤在产品 500 元、第三步骤在产品 1 000 元，共计 2 000 元。

广义在产品，是从整个企业来看，凡是处于企业各生产车间加工中的在制品和已完成一个及以上生产步骤、还需继续加工的自制半成品均属此列，具体来讲就是没完成本企业最终生产工序、不能作为本企业最终商品出售的，都属于广义在产品。以本书第九章图 9－1 中列示的情况来看，广义在产品既包括上述狭义在产品 2 000 元，又包括第一步骤完工未领用的自制半成品 1 500 元、第二步骤完工未领用的自制半成品 1 000 元，本企业广义在产品共计 4 500 元（假设只有三个步骤的话）。

在产品数量不仅是计算在产品成本的基础，也是计算完工产品成本的前提条件。因此，正确组织在产品数量核算，及时反映、控制在产品数量增减变动结存情况，对加强在产品实物管理，掌握在产品动态，保证其安全完整，合理组织生产，加速资金周转，正确计算产品成本，都具有十分重要的意义。

二、在产品台账的设置

在产品的计算包括自制半成品和在制品的计算。自制半成品的数量可根据验收入库的自制半成品入库凭证计算，与完工产品的数量核算相同。在制品的数量一般是通过在产品台账进行计算的，其格式如表 5－1 所示。

表 5－1　　**在产品台账**

车　　间：一车间

产品名称：A 种在产品　　××年 8 月　　计量单位：件

日　期	摘　要	收　入		转　出			结　存		备　注
		凭证号数	数　量	凭证号数	合格品	废　品	完工产品	在产品	
5 月 6 日	略	1 101	10	2 201	9		1		
5 月 9 日	略	1 104	16	2 204	12	1	2	1	
	合　计		180		220	2	6	4	

在产品台账通常有两种设置方式：一是分车间，按产品品种和名称设置（见表 5－1），

账内主要登记在产品收、发、存的数量变动；二是根据企业管理要求和生产特点，按在产品加工的工序设置，以便反映在产品在各工序间的转移和数量变动情况。各车间、工序在做好在产品计量、验收和交接工作的基础上，根据在产品变动凭证（包括领料凭证、在产品内部转移凭证、产品检验凭证和交库凭证等）及时登记在产品台账。在产品台账一般由车间核算人员登记，也可由各班组核算员登记，车间核算员汇总。

三、在产品的清查

在产品清查总结

为了核算在产品数量，除做好以上的在产品账面核算资料工作外，还必须定期或不定期地对在产品进行清查，以便取得在产品的实际盘存资料，并与“在产品台账”等账面核算资料进行核对，编制“在产品盘存表”。表中应填明在产品的账面数、实存数，盘盈或盘亏数及盈亏原因、处理意见等，对于报废和毁损的在产品，还需登记残值。企业应对“在产品盘存表”进行认真审核，分析原因，以便采取措施，进一步改善在产品管理，并根据审核后的“在产品盘存表”进行账务处理。

在产品清查结算的账务处理是通过“待处理财产损溢——待处理流动资产损溢”账户进行的。具体账务处理如下：

1. 在产品盘盈的核算

• 在产品发生盘盈时：

借：生产成本

　　贷：待处理财产损溢——待处理流动资产损溢

• 经批准核销盘盈时：

借：待处理财产损溢——待处理流动资产损溢

　　贷：制造费用等

2. 在产品盘亏毁损的核算

（1）在产品发生盘亏、毁损时：

借：待处理财产损溢——待处理流动资产损溢

　　贷：生产成本

（2）经批准按不同情况进行处理：

• 收回残值时：

借：原材料等

　　贷：待处理财产损溢——待处理流动资产损溢

• 应向有关单位、部门、过失人索赔时：

借：其他应收款

　　贷：待处理财产损溢——待处理流动资产损溢

• 因意外灾害或无法索赔的损失处理：

借：营业外支出

　　贷：待处理财产损溢——待处理流动资产损溢

• 应计入产品成本的损失处理：

借：制造费用等

贷：待处理财产损溢——待处理流动资产损溢

库存半成品清查的核算，可比照库存材料的核算处理。

第二节 生产费用在完工产品与在产品之间的分配

企业归集各项生产费用、计算在产品数量，其目的是确定完工产品成本。当月末某种产品既有完工产品，又有未完工产品时，就需将归集的生产费用在完工产品和月末在产品之间分配，以求得本月完工产品成本。

完工产品、在产品之间的关系如下：

本月完工产品成本 = 月初在产品成本 + 本月发生成本 - 月末在产品成本

根据这一关系，企业应当根据在产品数量的多少、各月在产品数量变化的大小、各项成本比重的大小以及定额管理基础的好坏等具体条件，采用适当的分配方法，将生产成本在完工产品和在产品之间进行分配。常用的分配方法有约当产量法、定额比例法、在产品按定额成本计价法等（见图5－1）。此外还有一些简便方法如：在产品按年初在产品成本计价法（又称在产品按固定成本计价法）、在产品按所耗直接材料费用计价法、在产品按加工费用计价法等。

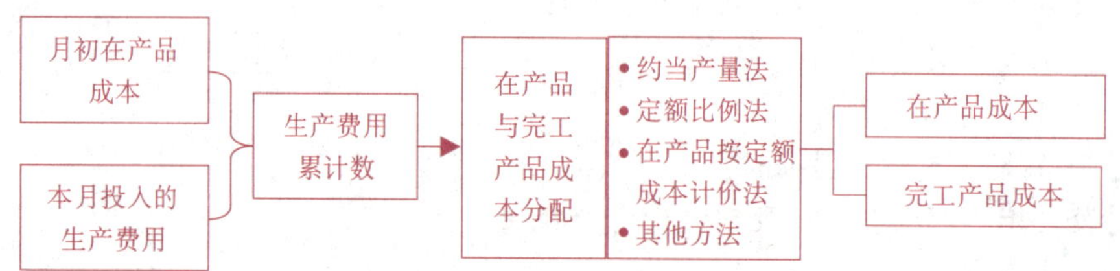

图5－1 “生产费用累计数”的分配

一、约当产量法

约当产量，是指将月末实际结存的在产品数量，按其完工程度或投料程度折算为相当于完工产品的数量。约当产量法就是根据完工产品数量和月末在产品约当产量比例来分配生产费用，从而确定完工产品成本和月末在产品成本的方法。

在产品之所以是在产品，是因为它们尚未完成某些加工工序或尚未耗用某些材料，一件在产品是无法与一件完工产品等量负担各项费用的，因而在分配费用时，需要将在产品数量折合一下，看其大约相当于多少件完工产品。

为了反映完工产品成本构成情况，分配生产费用时，应按成本项目分别计算，其公式为：

在产品约当产量 = 月末在产品数量 × 完工程度（或投料程度）

完工产品费用分配额 = 本月完工产品数量 × 费用分配率

在产品费用分配额 = 月末在产品约当产量 × 费用分配率

在上述公式中，除在产品约当产量外，其余数量都可以直接从有关账簿资料中得到。采用约当产量法分配生产费用的关键是：正确计算在产品的约当产量，其正确与否主要取决于在产品的完工程度和投料程度的计算结果。

1. 分配直接材料费用时在产品约当产量的计算

由于月末在产品负担的直接材料费用与投料方式和投料程度有密切的关系，因此在分配直接材料费用时，常以投料方式和投料程度来确定在产品约当产量。企业的投料方式一般有两种：

方法一，在产品不折算的方法。在一次投料、投料程度为 100% 的情况下，即在生产开工时一次投入加工产品所需全部材料，月末在产品无论完工程度如何，单位在产品材料的耗用量与单位完工产品相同，与月末在产品完工程度无关，分配时可直接按月末在产品实际数量和完工产品数量比例计算，无须对月末在产品数量进行折算。

例如当服装企业按整件服装组织生产，即每道工序的每个工人都是完整地加工一件服装，即剪裁后交缝纫、缝纫后交开袋等，这样无论在哪个工序，每件未加工完成服装的材料与完工后的服装所包含的材料相同。因为在制作服装时，首先就需要按服装的设计要求将每件服装的材料配好备齐、剪裁好后，才能进入下一道工序。在这种情况下进行材料费用的核算时，每个工序的未完工服装所包含的材料费用与最后工序的完工产品相同，均为 100%，无需折算。

方法二，在产品需要按完工程度折算的方法。在逐步投料的情况下，即直接材料随着生产过程的进行陆续投入，具体计算投料程度时又分为两种情况：

（1）各工序所需直接材料在该工序开始时一次投入。在此种情况下，计算各工序投料程度时，本工序投料量定额可按 100% 计算。

（2）各工序所需直接材料在该工序生产过程中陆续投入。此种情况下，计算各工序投料程度，本工序投料量定额就不能按 100% 计算，而要适当折合，一般按 50% 计算。其计算公式为：

$$\text{某工序投料程度}=\frac{\text{单位在产品本工序前投入直接材料费用累计数}+\text{单位在产品本工序投入直接材料费用数}\times 50\%}{\text{单位完工产品应投入直接材料费}}\times 100\%$$

某工序在产品约当产量 = 该工序月末在产品数量 × 该工序投料程度

【例 5－1】 设 A 企业 A－01 产品经三道工序加工完成，有关资料及计算结果如表 5－2 所示。假设三个工序所需直接材料都在各工序中陆续投入。

表 5－2 在产品约当产量计算表（方法二）

生产工序	各工序直接材料投料定额（元）	投料程度（%）	月末在产品数量（件）	在产品约当产量（件）
工序一	8 000	25	270	67.5
工序二	4 800	65	225	146.25
工序三	3 200	90	180	162
合 计	16 000	—	—	375.75

表 5－2 中投料程度计算如下：

$$第一道工序在产品投料程度=\frac{8\ 000}{16\ 000}\times 50\%\times 100\%=25\%$$

$$第二道工序在产品投料程度=\frac{8\ 000+4\ 800}{16\ 000}\times 50\%\times 100\%=65\%$$

$$第三道工序在产品投料程度=\frac{8\ 000+4\ 800+3\ 200}{16\ 000}\times 50\%\times 100\%=90\%$$

需要说明的是，直接材料费用中的燃料、动力费用，其耗用情况与产品的投料程度关系不大，但与产品的完工程度有直接关系。因此，如果企业单独设置了“燃料和动力”成本项目且金额较大，分配“燃料和动力”费用时，应按完工程度计算在产品的约当产量，如未设置“燃料和动力”成本项目，为简化核算，也可按投料程度计算其约当产量。

2. 分配其他成本项目费用时在产品约当产量的计算

其他成本项目主要指直接人工费和制造费用，这些费用的发生通常与产品的完工程度有着密切的关系，即随着生产工艺过程的进行而不断增加，产品完工程度越高，投入的费用越多，因而分配时应按产品的完工程度来计算在产品约当产量。在产品完工程度的计算一般有两种方法：

方法一，按各工序的累计工时定额数占完工产品工时定额数的比率计算。由于每道工序上的在产品完工程度不同，有的已近完成，有的则刚开始加工，为简化计算，一般是取其平均值，对各工序内的在产品均按本工序单位工时定额的50%计算。其公式为：

$$某工序在产品完工程度=\frac{单位在产品本工序前的累计工时定额+单位在产品本工序的工时定额\times 50\%}{单位完工产品工时定额}\times 100\%$$

【例 5－2】 承例 5－1，A－01 产品各工序有关资料及计算结果如表 5－3 所示。

表 5－3 在产品约当产量计算表

生产工序	工时定额（小时）	完工程度（%）	月末在产品数量（件）	在产品约当产量（件）
工序一	120	20	270	54.00
工序二	100	57	225	128.25
工序三	80	87	180	156.60
合 计	300	—	—	338.85

表 5－3 完工程度计算如下：

$$第一道生产工序在产品完工程度=\frac{120\times 50\%}{300}\times 100\%=20\%$$

$$第二道生产工序在产品完工程度=\frac{120+100\times 50\%}{300}\times 100\%=57\%$$

$$第三道生产工序在产品完工程度=\frac{120+100+80\times 50\%}{300}\times 100\%=87\%$$

这种方法适用于各道工序在产品数量和各道工序的完工程度差别较大的企业或车间。

方法二，按平均完工程度计算，即所有的在产品一律按 50% 计算。对于生产费用发生比较均衡的企业，这样做既可简化核算工作，又能及时计算出在产品的约当产量。

【例5-3】 B企业一车间生产的MX-01产品本月完工540件，月末在产品360件，其中第一道工序150件，第二道工序130件，第三道工序80件，原材料在第一道工序一次投入，本月初在产品和本月完工产品共耗用直接材料费86 400元，直接人工费75 600元，制造费用64 800元。完工程度均按50%计算。

（1）直接材料费的分配。由于材料系一次投入，故各工序在产品约当产量无需按平均完工程度折算。

各工序在产品约当产量＝150＋130＋80＝360（件）

$$完工产品应负担的直接材料费=\frac{86\ 400}{540+360}\times 540=51\ 840（元）$$

$$在产品应负担的直接材料费=\frac{86\ 400}{540+360}\times 360=34\ 560（元）$$

（2）直接人工费的分配。

各工序在产品约当产量＝360×50%＝180（件）

$$完工产品应负担的直接人工费=\frac{75\ 600}{540+180}\times 540=56\ 700（元）$$

$$在产品应负担的直接人工费=\frac{75\ 600}{540+180}\times 180=18\ 900（元）$$

（3）制造费用的分配。

各工序在产品约当产量＝360×50%＝180（件）

$$完工产品应负担的制造费用=\frac{64\ 800}{540+180}\times 540=48\ 600（元）$$

$$在产品应负担的制造费用=\frac{64\ 800}{540+180}\times 180=16\ 200（元）$$

MX-01产品本月完工产品成本＝51 840＋56 700＋48 600＝157 140（元）

MX-01产品月末在产品成本＝34 560＋18 900＋16 200＝69 660（元）

根据计算结果，完工产品入库的账务处理如下：

借：库存商品——甲产品　　157 140

　贷：生产成本——基本生产成本（甲产品）　　157 140

二、定额比例法

定额比例法，是指按照完工产品和月末在产品的定额消耗量比例分配生产费用的方法。其计算公式为：

完工产品定额消耗量＝完工产品数量×单位完工产品消耗定额

在产品定额消耗量＝月末在产品数量×单位在产品消耗定额

$$费用分配率=\frac{月初在产品成本+本月生产费用}{完工产品定额消耗量+在产品定额消耗量}$$

完工产品成本＝完工产品定额消耗量×费用分配率

月末在产品成本＝月末在产品定额消耗量×费用分配率

或＝本月生产费用累计－完工产品成本

【例 5 -4】 C 企业基本生产车间 8 月份生产的 TL - 02 产品完工 100 件，月末在产品 20 件。月初在产品成本和本月生产费用的合计为：直接材料 36 000 元，直接人工 21 120 元，制造费用 14 850 元。其月末在产品完工程度为 50%，材料系一次投入，单位产品定额资料如表 5 -4 所示。

表 5 -4　　单位产品定额资料

产品名称	定额消耗量			定额费用		
	直接材料（千克/件）	直接人工（工时/件）	制造费用（工时/件）	直接材料（元/千克）	直接人工（元/工时）	制造费用（元/工时）
TL - 02	80	8	5	5	50	20

根据上述资料，分别按定额消耗量比例和定额费用比例对 C 企业的生产费用进行分配计算如下：

1. 按定额消耗量比例分配

（1）分配直接材料费用：

完工产品定额消耗量 = 100 × 80 = 8 000（千克）

在产品定额消耗量 = 20 × 80 = 1 600（千克）

$$直接材料分配率 = \frac{36\ 000}{8\ 000 + 16\ 000} = 3.75（元/千克）$$

完工产品应负担的直接材料费 = 8 000 × 3.75 = 30 000（元）

在产品应负担的直接材料费 = 1 600 × 3.75 = 6 000（元）

（2）分配直接人工费用：

完工产品定额消耗量 = 100 × 8 = 800（工时）

在产品定额消耗量 = 20 × 8 × 50% = 80（工时）

$$直接人工分配率 = \frac{21\ 120}{800 + 80} = 24（元/工时）$$

完工产品应负担的直接人工费 = 800 × 24 = 19 200（元）

在产品应负担的直接人工费 = 80 × 24 = 1 920（元）

（3）分配制造费用：

完工产品定额消耗量 = 100 × 5 = 500（工时）

在产品定额消耗量 = 20 × 5 × 50% = 50（工时）

$$制造费用分配率 = \frac{14\ 850}{500 + 50} = 27$$

完工产品应负担的制造费用 = 500 × 27 = 13 500（元）

在产品应负担的制造费用 = 50 × 27 = 1 350（元）

（4）计算完工产品和在产品成本：

完工产品成本 = 30 000 + 19 200 + 13 500 = 62 700（元）

在产品成本 = 6 000 + 1 920 + 1 350 = 9 270（元）

2. 按定额费用比例分配

（1）分配直接材料费用：

完工产品定额消耗量 = 100 × 80 × 5 = 40 000（千克）

在产品定额消耗量 = 20 × 400 = 8 000（千克）

$$直接材料分配率 = \frac{36\ 000}{40\ 000 + 8\ 000} = 0.75（元/千克）$$

完工产品应负担的直接材料费 = 40 000 × 0.75 = 30 000（元）

在产品应负担的直接材料费 = 8 000 × 0.75 = 6 000（元）

（2）分配直接人工费用：

完工产品定额消耗量 = 100 × 8 × 50 = 40 000（工时）

在产品定额消耗量 = 20 × 8 × 50 × 50% = 4 000（工时）

$$直接人工分配率 = \frac{21\ 120}{40\ 000 + 4\ 000} = 0.48（元/工时）$$

完工产品应负担的直接人工费 = 40 000 × 0.48 = 19 200（元）

在产品应负担的直接人工费 = 4 000 × 0.48 = 1 920（元）

（3）分配制造费用：

完工产品定额消耗量 = 100 × 5 × 20 = 10 000（工时）

在产品定额消耗量 = 20 × 5 × 20 × 50% = 1 000（工时）

$$制造费用分配率 = \frac{14\ 850}{10\ 000 + 1\ 000} = 1.35（元/工时）$$

完工产品应负担的制造费用 = 10 000 × 1.35 = 13 500（元）

在产品应负担的制造费用 = 1 000 × 1.35 = 1 350（元）

（4）计算完工产品和在产品成本：

完工产品成本 = 30 000 + 19 200 + 13 500 = 62 700（元）

在产品成本 = 6 000 + 1 920 + 1 350 = 9 270（元）

由例 5 - 4 可以看出，采用定额消耗量比例和定额费用比例进行完工产品和在产品生产费用的分配结果完全一致。

按定额消耗量比例分配生产费用的优点是有利于考核、分析各项消耗定额的执行情况，有利于控制各项费用耗用量。但是，如果产品所耗原材料品种较多，由于不同原材料的消耗量不能汇总，就需逐一计算每种原材料的分配率及分配额，势必增大计算工作量。因此，若企业产品消耗原材料品种较多时，可按定额费用比例进行分配。其方法是将上述公式中的“定额消耗量”换成“定额费用”。在实际工作中，常将这两种方法结合运用。

三、在产品按定额成本计价法

在产品按定额成本计价法，是指根据在产品单位定额成本和月末在产品数量计算月末在产品成本后，将月末在产品成本从本月生产费用累计数中扣除，再得出本月完工产品成本的方法。计算公式如下：

在产品材料定额成本 = 在产品数量 × 单位材料消耗定额 × 计划单价

在产品工资（制造费用）定额成本 = 在产品数量 × 单位工时定额 × 单位定额工资（制造费用）

月末在产品定额成本 = 在产品材料定额成本 + 在产品工资定额成本 + 在产品制造费用定额成本

或＝月末在产品数量×单位在产品定额成本

完工产品成本＝月初在产品成本＋本月生产费用－月末在产品定额成本

月末在产品实际成本与定额成本之间的差异，一般全部由完工产品成本负担。这种方法适用于定额管理水平较高，定额资料完整准确、稳定，各月在产品数量变动不大的企业采用。否则，将会影响费用分配的准确性。

【例5－5】 仍以例5－4资料为例，按在产品按定额成本计价法计算如下：

单位在产品定额成本＝400＋(8×50＋5×20)×50%＝650(元/件)

月末在产品定额成本＝20×650＝13 000(元)

月末完工产品成本＝(36 000＋21 120＋14 850)－13 000＝58 970(元)

为了简化核算，采用本方法时，还可根据各项费用在成本中的比重大小来确定在产品成本计算方法。比如，对于材料费用比重较大的产品，可只计算在产品的材料定额成本；对于人工费用比重较大的产品，可只计算在产品的人工定额成本，其他未计入在产品成本的费用，由于比重较小，则全部由完工产品成本负担。

四、其他方法

在实际工作中，为了进一步简化核算工作，企业可根据具体情况采用一些简化的方法进行月末在产品成本计算：

1. 在产品成本按年初在产品成本计算的方法

这种方法的特点是：年内各月末在产品成本均按年初在产品成本计算。年终时，根据在产品的实际盘点数重新确定年末在产品成本，并将其作为次年在产品成本计算的依据。

这种方法适用于各月在产品数量较少，或虽然数量较多，但各月在产品数量比较均衡，月初月末在产品成本差额较小，在产品成本计算对各月完工产品成本影响不大的企业。

在产品按年初在产品成本计算法

2. 在产品成本按所耗直接材料费用计算的方法

采用这种方法时，月末在产品只负担直接材料成本（也可包括燃料和动力费），直接人工费和制造费用则全部由完工产品成本负担。这种方法适用于直接材料在成本中所占比重较大，各月在产品数量较多，或数量不稳定的企业。

3. 在产品按加工费用计算的方法

在直接材料费用占产品成本比重很小，而直接人工费和制造费用占产品成本比重很大的制造业企业中，月末在产品成本可只负担直接人工费和制造费用，直接材料费用则全部由完工产品成本负担。具体的方法是，先将月末在产品数量按完工程度折合为约当产量，然后按照完工产品产量和在产品约当产量的比例分配直接人工费和制造费用，最后确定出月末在产品成本。

在产品按所耗直接材料费用计算法

此外，为了简化核算，还可采取更为简便的方法：一是对于在产品数量少，是否计算在产品成本对完工产品影响不大的企业，采取不计算在产品成本的方法，即当月发生的生产费用全部由当月完工产品负担；二是对于月末在产品已接近完工，或产品已加工完成，但尚未验收入库，可视同完工产品分配生产费用，即月末在产品按完工产品成本计价进行核算。

第三节 完工产品成本的结转

企业生产的完工产品，应由生产车间按交库数量填制“产品入库单”随同完工产品送交成品仓库，经检验合格即可入库。月末，会计部门根据产品入库单汇总编制“完工产品成本汇总表”。

【例5-6】D企业生产车间将本月完工产品送交成品库。其中，甲产品50件，乙产品40件。经质检科和仓库管理人员检验全部合格，准予入库。月末，会计部门根据完工产品有关入库凭证登记和生产成本明细账汇总编制“完工产品成本汇总表”如表5-5所示。

表5-5 完工产品成本汇总表

××年8月

产品名称 成本项目	甲产品（50件）		乙产品（40件）		总成本合计
	总成本	单位成本	总成本	单位成本	
直接材料	145 000	2 900	44 000	1 100	189 000
直接燃料和动力	14 000	280	12 000	300	26 000
直接人工	20 500	410	36 800	920	57 300
制造费用	16 000	320	14 800	370	30 800
合　计	195 500	3 910	107 600	2 690	303 100

根据“完工产品成本汇总表”将完工产品成本从“生产成本”总账及其所属明细账的贷方转入“库存商品”总账及有关明细账的借方，其账务处理如下：

借：库存商品——甲产品　195 500
　　　　　　——乙产品　107 600
　贷：生产成本——基本生产成本（甲产品）　195 500
　　　　　　　——基本生产成本（乙产品）　107 600

结转后的“生产成本”总账及其所属明细账的月末余额，即是月末在产品成本。

第六章

成本计算方法的分类

【学习目的和要求】

- 理解企业的生产类型特点及管理要求对成本计算方法的影响
- 理解成本计算对象、成本计算期和在产品成本计算的概念及相互关系
- 熟悉产品成本计算的基本方法和辅助方法，以及各种产品成本计算方法的实际应用

导入案例

最近，王蓉愈发感到企业产品销路越好则压力越大，尤其是接到外销订单时，压力就更大。外销订单的利润虽然比内销订单高，但质量和时间一点都不能出错。为此，王蓉即便是在工作非常繁忙时也经常为自己“充电”。因为服装出口的原因，王蓉查阅了一下关于“HS 编码”的相关问题，初步了解到 HS 编码指的是商品名称及编码协调制度（harmonized commodity description coding system），简称“协调制度”（HS），它是在《海关合作理事会分类目录》（CCCN）和联合国《国际贸易标准分类》（SITC）的基础上，参酌国际间其他主要的税则、统计、运输等分类协调制度的一个多用途的国际商品分类目录。HS 编码，以 6 位码表示其分类代号，前两位码代表章次，第 3、4 位码为各该产品于该章的位置（按加工层次顺序排列），第 1 至第 4 位码为“节”，如 6104. 3100 为羊毛或动物细毛制针织或钩编的女式上衣，与此相对应的 6204. 3100 为羊毛或动物细毛制女式上衣。其后续接的第 5、6 位码称为“目”。前六位码各国均一致。第 7 位码以后是各国根据本身需要制订的码数。懂得 HS 编码对于加工出口服装至关重要，因为国外进货商的要求通常都是按 HS 编码标注的。

案例解析

其实，HS 编码简单地讲就是一种国际通用的商品分类标准。其中，服装的种类很多，不同的服装分类方法，导致对服装的称谓也不同。如根据服装的性别分类有男装、女装，根据服装的年龄分类有成人服和儿童服，成人服中又可分为男服、女服、中老年人服，儿童服可分谓婴儿服、幼童服、中童服、大童服、青少年服等。无论如何分类，

最为关键的是分类标准和分类的结果，即按什么来分和分成什么。

企业的成本核算方法亦是如此。如在传统的成本计算方法中有品种法、分步法、分批法等最基本的成本计算方法外，还有辅助的成本计算方法如分类法、定额法等，而现代成本计算方法中有作业成本法、变动成本法等，区别于不同的成本计算方法就是成本核算对象、成本计算期和生产费用分配的确定。在成本核算中，只要牢牢抓住这三个要素，就抓住了不同成本计算方法的关键。

第一节 生产类型及管理要求对成本计算方法的影响

企业的产品成本计算是根据成本核算要求，将一定时期的生产费用按各产品进行归集，并在完工产品和在产品之间进行分配，以计算各产品的总成本和单位成本的过程。成本计算方法主要由成本计算对象、成本计算期以及生产费用在完工产品和在产品之间的分配三部分组成。由于各企业的生产类型特点及管理要求不同，计算产品成本时所采用的成本计算方法亦不同。因此，企业或车间在计算产品成本时，应根据其生产类型特点和成本管理要求来确定具体的成本计算方法。只有根据不同生产类型和管理要求，选取不同的成本计算方法，才能正确计算产品成本。

生产类型及管理要求对成本计算方法的影响

一、企业生产类型

生产类型是形成产品成本计算方法的基础。企业的生产类型由生产工艺过程和生产组织特点决定。

（一）按照企业的生产工艺过程，可将企业的生产分为单步骤生产和多步骤生产

单步骤生产又称简单生产，是指生产工艺过程不能间断，或不能分散在不同地点进行的生产。如发电、采掘工业等。

单步骤生产工艺

多步骤生产工艺

多步骤生产又称复杂生产，是指产品的生产工艺过程由若干个可以间断、分散在不同地点，分别在不同时间进行的生产步骤所组成的生产。多步骤生产按产品的加工方式，又可分为连续式生产和装配式生产。**连续式多步骤生产是指从原材料投入生产到产品完工，要依次经过**

各生产步骤的连续加工的生产，即前一步骤完工的半成品为后一步骤加工的对象。如纺织、冶金、造纸等生产。**装配式多步骤生产，是指各个生产步骤可以在不同地点和不同时间同时进行，即先将原材料平行加工成零部件，然后将零部件装配成产成品。**如机械、服装、汽车等生产。

（二）按照生产组织的特点，可将企业的生产分为大量生产、成批生产和单件生产

大量生产是指不断地大量重复生产相同产品的生产。如纺织、面粉、采掘等的生产。

成批生产是指按照事先规定的产品批别和数量进行的生产。如服装、机械的生产。成批生产按照产品批量的大小，又可分为大批生产和小批生产。大批生产接近大量生产，小批生产接近于单件生产。

石油开采（单步骤生产）

工业产品（多步骤生产）

单件生产类似小批生产，是指根据订货单位的要求，生产个别的、性质特殊的产品。如船舶、重型机器、新产品试制等的生产。

（三）生产工艺过程与生产组织的结合

不同的生产工艺过程与生产组织的结合，形成不同类型的生产企业。

电子产品（大量大批生产）

航天飞机（单件生产）

知识链接

生产组织是将一切与企业生产相关的、有形与无形的资源进行整合，形成良好的生产配置与内外环境，进而确保生产的实施。主要包括时间、空间、过程、设备与设施、人力资源、工艺技术、物料、服务、作业方式、管理与制度等组织。

生产工艺流程是指产品加工工序和技术等生产过程，包括产品加工的方式及工序、技术要求、生产条件等。生产工艺流程既是产品品质保证的核心，更是控制成本的关键。

一般而言，从企业的生产组织方面看，简单生产和连续式的复杂生产，往往都是大量生产的企业。装配式生产企业的情况较为复杂，由于这种企业的各个生产车间通常是平行地生产产品的某个或某些零部件，然后再组装成产成品。在实际工作中，不仅不同企业的生产工艺过程和生产组织特点可能各不相同，同一企业的不同车间，甚至同一车间的不同产品，其生产工艺过程和生产组织特点也可能不尽相同。如饮料厂与钢铁制造厂的生产工艺就有很大区别，厂内各生产车间的生产工序也各不相同（见图6－1、图6－2）。

装配式生产工艺

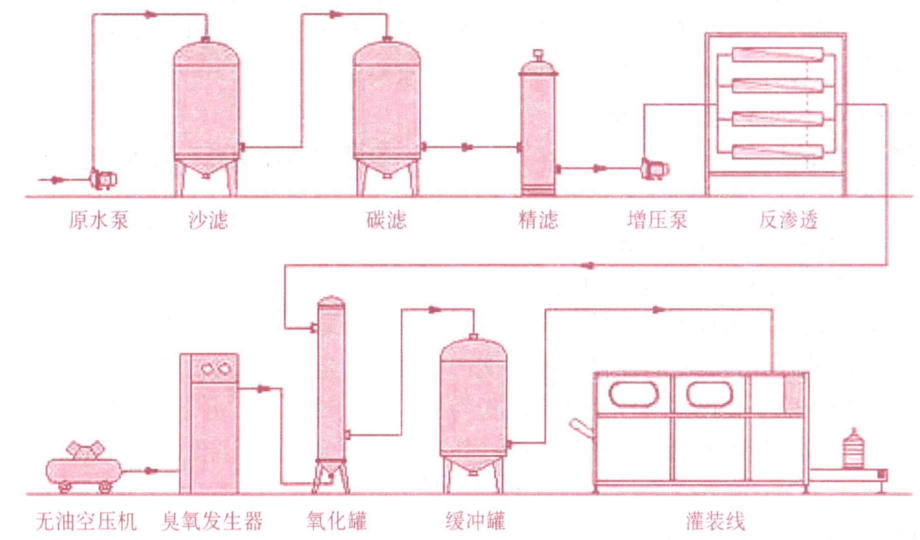

图6－1　某饮料厂纯净水生产工艺流程图

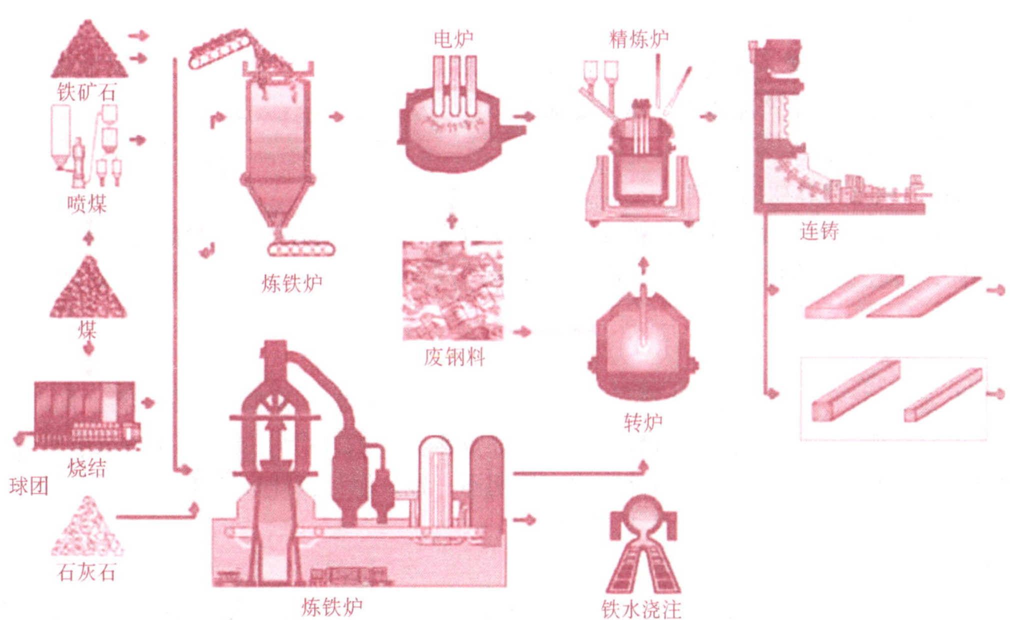

图6－2　某钢铁公司钢材生产工艺流程图

二、企业生产类型和成本管理要求对成本计算方法的影响

企业的生产类型和成本管理要求对成本计算方法的影响主要反映在以下三个方面：

（一）对成本计算对象的影响

成本计算对象是指生产费用归集和分配的对象，即生产费用的承担者——产品。从成本核算的角度看，不同的成本计算对象形成不同的成本计算的基本方法。确定成本计算对象，是为了确定按多大范围来归集生产费用，计算产品成本。在成本核算过程中，一个品种、一批产品、一类产品，以及生产过程中各步骤的半成品，都可以作为成本计算对象。如何确定成本计算对象，要以企业的生产类型和成本管理要求决定。

1. 简单生产下的成本计算对象

在简单生产条件下，材料一经投入生产，各生产步骤就不能中断，直到生产出产品。由此决定各生产步骤不仅没有期末在产品，也没有半成品，因而成本计算对象比较单一，通常以最终完工的产品为成本计算对象。

2. 连续式复杂生产下的成本计算对象

在连续式复杂生产条件下，虽然生产是按一定的生产顺序进行的，但在不同的生产步骤之间是可以间断的。并且，在各生产步骤都能产生具有一定使用价值的半成品。所以，在这种类型的企业中，除了要以最终完工的产品作为成本计算对象外，由于半成品可以直接对外销售，或为便于成本管理和考核，往往还要计算半成品的成本。因此，半成品也可以作为成本计算对象。

3. 装配式复杂生产下的成本计算对象

在装配式复杂生产条件下，由于各步骤半成品的生产工艺过程特点基本是相同的，所以主要是生产组织方式对成本计算对象产生影响。如生产组织是单件或小批生产，一般是以订货人的订单所确定的某一件或某一批产品作为其成本计算对象；如生产组织是大批或大量生产，通常是以最终完工产品作为成本计算对象。

（二）对成本计算期的影响

成本计算期即生产费用计入产品成本的起止时间。虽然不同生产类型企业的成本计算期不尽相同，其起止日期是否与会计报告期或生产周期一致，主要取决于企业生产组织的特点。

1. 大量/大批生产

在大量/大批生产中，由于生产是连续不断进行的，企业不断地投入原材料，同时不断地生产出产品来。因此，为计算陆续产出的产品成本，一般以会计报告期作为成本计算期，定期计算产品成本，成本计算期可能与生产周期不一致，但与会计报告期一致。根据成本管理的要求，通常需要按月计算产品成本。

2. 单件/小批生产

在单件/小批生产中，由于生产一般是不重复进行的，小批生产批量不大，批内产品基本都能同时完工，所以产品成本只能在某件或某批产品完工以后才最终确定，因而成本计算是不定期的，但与产品的生产周期一致。

（三）对生产费用在完工产品和月末在产品之间分配的影响

1. 单步骤大量/大批生产

在单步骤大量/大批生产条件下，由于生产不能间断，产品生产周期短，生产过程是连续不断地、均衡地进行的，一般没有在产品，或者月末在产品数量很少，或各期在产品数量大致相同，因而在计算产品成本时，生产费用不需在完工产品和月末在产品之间进行分配。

2. 多步骤大量/大批生产

在多步骤大量/大批生产条件下，由于生产连续进行，不断地投入和产出，投料与完工同时存在，各生产步骤必然保持一定数量不同完工程度的在产品，而且各期在产品数量及完工程度往往不等，在月末计算产品成本时，就必须将生产费用在完工产品和在产品之间进行分配。

3. 多步骤单件/小批生产

在多步骤单件/小批生产条件下，单件生产时，完工即产成品，未完工即在产品，生产费用不需在完工产品与月末在产品之间进行分配；小批生产可能当月完工，也可能跨月陆续完工，同批产品未全部完工前，所归集的生产费用都是在产品成本，同批产品全部完工后，所归集的生产费用即是该批完工产品的成本，故也不需要将生产费用在完工产品和月末在产品之间进行分配。

第二节　产品成本计算方法的种类

一、产品成本计算方法的形成

成本计算是对某一具体单位、某一时期的某种产品确定其总成本和单位成本的过程。在这一过程中，首先需要对发生的各种生产耗费按照一定的方法进行审核和归集，其次是将归集的各种生产耗费按照一定的方法和程序进行分配。从制造业来看，无论其生产规模、产品差异大小以及生产周期长短，其生产工艺过程不外是单步骤生产和多步骤生产，其生产组织不外是单件生产、成批生产和大量生产三种类型。在会计实务中，由成本核算的基本程序和一定的方法与企业的成本管理和生产类型相结合，就产生了成本计算的基本方法。

成本计算的基本方法包括：以产品品种为成本计算对象的**品种法**，以产品批别为成本计算对象的**分批法**，以产品品种和各步骤半成品为成本计算对象的**分步法**。此外，还有与上述成本计算的基本方法结合使用的分类法、系数法、定额比例法等辅助方法，以及用于成本计算和成本控制的定额法、标准成本法等。本书重点讲述成本计算的基本方法和分类法、定额法。

需要注意的是，分类法和定额法与企业生产类型没有直接联系，不涉及成本计算对象。它们的应用或是为了简化成本计算工作，或是为了加强成本管理，只要具备条件，任何类型的生产企业都能运用，故称之为“辅助方法”。产品成本计算的辅助方法，一般应与基本方法结合起来使用，而不单独使用。基本方法和辅助方法的划分，仅仅是从计算产品成本的角度来考虑的，并非辅助方法不重要。

前已述及，产品成本计算方法的构成因素主要是产品成本计算对象、成本计算期和生产费用在完工产品与在产品之间的分配。由于产品成本计算对象不仅是设置产品成本明细账的依据，而且直接影响生产费用的归集及其计入产品成本的程序和方法，所以产品成本计算对象既是决定成本计算方法的最基本的因素，也是区别不同成本计算方法的主要标志。

此外，在制造业中，确定不同的成本计算对象，采用不同的成本计算方法，主要是为了适应企业的生产类型特点和管理要求，正确提供产品成本资料，为成本管理服务。不论什么类型的企业，不论采用哪种成本计算方法，最终都必须按产品品种为对象提供产品成本资料，因此，品种法是成本计算基本方法中最基本的方法。企业生产类型和成本管理要求对成本计算方法的影响如表 6 - 1 所示。

表 6 - 1　　企业生产类型与成本计算方法的关系图

<table>
<tr><th rowspan="2">生产组织特点</th><th rowspan="2">生产工艺</th><th rowspan="2">成本管理要求</th><th colspan="3">成本计算方法特点</th><th rowspan="2">基本成本计算方法</th><th rowspan="2">适用企业类型</th></tr>
<tr><th>成本计算对象</th><th>成本计算期</th><th>在产品成本计算</th></tr>
<tr><td rowspan="3">大量/大批生产</td><td>单步骤</td><td>要求按品种计算成本</td><td rowspan="2">产成品</td><td>按月计算</td><td>不需计算在产品成本</td><td rowspan="2">品种法</td><td>发电、采掘等</td></tr>
<tr><td rowspan="2">多步骤</td><td>不要求按步骤计算成本</td><td>按月计算</td><td>需要计算在产品成本</td><td>砖瓦、造纸、食品、水泥等</td></tr>
<tr><td>要求按步骤计算成本</td><td>半成品、产成品</td><td>按月计算</td><td rowspan="2">需要计算在产品成本</td><td rowspan="2">分步法</td><td rowspan="2">冶金、纺织、汽车、自行车、机床、机械、专用设备等</td></tr>
<tr><td rowspan="2">单件/小批生产</td><td rowspan="2">单步骤或多步骤</td><td>要求按步骤计算成本</td><td>半成品、产成品</td><td>按月计算</td></tr>
<tr><td>只要求按批别计算成本</td><td>产成品</td><td>按批别计算</td><td>不需计算在产品成本</td><td>分批法</td><td>船舶、重型机械等</td></tr>
</table>

二、产品成本计算方法的实际应用

在实际工作中，企业应根据自身的生产类型和管理要求，并考虑到生产规模和管理水平等具体条件，从实际出发，对上述各种成本计算方法灵活运用。

（一）几种产品成本计算方法的同时应用

一个企业的各个生产车间，如果生产类型不同，可同时采用不同的成本计算方法。例如，基本生产车间和辅助生产车间均为大量/大批多步骤的生产，由于企业对其成本管理的要求不同，对基本生产车间可采用分步法计算产品成本，而对辅助生产车间可采用品种法计算产品成本。

一个企业或一个车间的各种产品也可以同时采用不同的成本计算方法。例如，瓷器厂生产各种瓷器，有的已经定型，按大量/大批组织生产，可采用分步法计算产品成本；有的却正在试制或刚刚试制成功，只能按单件/小批组织生产，可采用分批法计算成本。

（二）几种产品成本计算方法的结合应用

在实际工作中，即使是一种产品，其各个生产步骤、各种半成品的各个成本项目之间，其生产特点和管理要求也不完全相同，因而在一种产品中可能将几种成本计算方法结合起来使用。如机械制造企业产品的一种产品的不同生产步骤，由于生产类型和管理要求不同，可以采用不同的成本计算方法；在一种产品的不同零部件之间，由于管理要求不同，也可以采用不同的成本计算方法。即使是一种产品的不同成本项目，也可以采用不同的成本计算方法。

综上所述，由于企业实际情况比较复杂，因而所采用的成本计算方法也是多种多样的。为了便于企业进行各期成本资料的分析、考核和对比，防止企业利用成本计算方法的改变人为调节各期成本与利润，企业的成本计算方法一经确定，不应任意变更。

第七章
产品成本计算的品种法

【学习目的和要求】

- 理解品种法的含义
- 了解简单法和品种法的核算特点
- 熟练掌握品种法成本核算程序和方法

导入案例

为了给企业营造更好的经营环境，王蓉将企业迁到位于城郊的高新开发区中的出口产品加工区。在长期的生产实践中，王蓉深知电力对企业生产的重要性，因为所有的生产、管理设备都依赖于电的供应。尽管当地政府为企业提供了比较完善的基础设施，但开发区的电力有时也会出现断电情况。为此，王蓉在新厂的建设中，将供电车间的建设放在非常重要的位置，以解决企业的临时供电问题。不仅如此，王蓉还要求财务部门单独核算供电车间的成本，以便单独考核供电车间的成本指标，控制供电车间的成本水平。

案例解析

电的生产特点是典型的大量/大批单步骤生产。一般情况下，电是供电车间/电厂的唯一产品，所以供电车间和电厂的成本核算最适宜采用品种法。企业只需要将发电所消耗的各种人工、材料和制造费用汇总后，就可计算出电的成本。但也有一些电厂在发电的同时将热能转化为热气作为生产中的其他动力。对于这类企业不仅要计算电的成本，也需要计算热气的成本。

第一节 品种法的含义及特点

一、品种法的含义

品种法，是以产品品种为成本计算对象计算产品成本的一种方法。它是成本计算方法中最基本的方法，其他各种方法都是在品种法的基础上发展而来的。采用品种法进行产品成本计算，既不要求按照产品批别计算成本，也不要求按照产品生产步骤计算成本，而只要求按照产品的品种计算成本。按照产品品种计算成本，是产品成本计算最一般、最基本的要求。掌握并理解品种法的成本核算方法，有助于其他成本计算方法的学习和应用。

按照品种法成本计算的繁简程度，可将其分为单一品种的品种法和多品种的品种法。

单一品种的品种法。采用这种方法计算产品成本时，由于所有的生产费用都只需要归集在一种产品上，因此在生产过程中发生的各项生产费用都是直接费用，不存在生产费用在各种产品之间分配的问题，核算时只需根据有关原始凭证及费用汇总表登记产品成本明细账（或成本计算单，下同）即可计算产品成本。它适用于产品品种单一、生产周期较短的大量大批单步骤生产，如发电、采掘等企业。此外，企业的辅助生产（如供水、供电、供汽等）车间也可以采用这种方法计算其产品或劳务的成本。

多品种的品种法。在这种成本计算方法下，成本计算对象是每种产品，应按每种产品分别设置产品成本明细账。对于生产过程中发生的生产费用，需要区分为直接费用和间接费用，凡是不能直接根据有关原始凭证确定应由某种产品成本负担的费用，均应在各种产品之间进行分配后才能计入有关的产品成本明细账的成本项目。它适用于生产两种或两种以上产品的大量大批单步骤生产或管理上不要求分步骤计算成本的大量大批多步骤生产，如小型水泥、制砖、造纸等企业。

二、品种法的特点

企业生产工艺过程的特点和生产组织的特点，决定品种法具有下列主要特点：

品种法的特点

（一）直接以产品品种作为成本计算对象

成本计算对象一般只是企业的最终完工产品。进行成本计算时，需要按照每一种产品设置产品成本明细账，用以归集生产过程中所发生的费用。如果企业（或车间）只生产一种产品，则只需为该种产品开设产品成本明细账，按成本项目设置专栏，而不存在将生产费用在各种产品间分配的问题。如果企业（或车间）生产两种或两种以上产品，就需要按照每种产品分别开设产品成本明细账，对于生产过程中所发生的费用，凡是能分清成本计算对象的，则应采用直接记入的方法；凡是不能分清应由哪种产品负担的，则应采用适当的分配方法，分别记入各产品成本明细账或成本计算单。

（二）成本计算期按月定期（月末）进行

由于采用品种法计算产品成本的企业多数是大量/大批生产，所以完工产品是随着材料的陆续投入而不断地产出的，生产周期难以确定，只能定期按月进行成本计算。因此，品种法下的成本计算期与会计报告期一致，而可能与产品生产周期不一致。

（三）月末有在产品，要在完工产品与在产品之间分配生产成本

月末计算在产品成本时，如果没有在产品或数量很少，或月初月末在产品成本较稳定，为简化手续，一般不需要计算在产品成本；如果月末在产品数量较多，或月初月末在产品成本不太稳定，则需采用适当的方法在完工产品与在产品之间进行分配，从而计算出完工产品的总成本和单位成本以及月末在产品成本。

想一想：

结合第五章所学有关“生产费用在完工产品与在产品工间分配方法”内容，想想有哪些方法，其中常用的约当产量法、定额比例法、定额成本法你理解掌握了吗？

第二节　品种法成本计算程序

品种法计算产品成本的一般程序是：

一、按每一产品品种开设生产成本明细账（成本计算单），并分别按成本项目设专栏

成本计算对象是各项生产费用的承担者。根据成本计算对象开设成本计算单，即生产成本明细账，是归集生产费用、计算产品成本的基本要求，也是企业计算产品成本的前提条件。

二、根据各项生产费用的有关凭证，将各项费用分别按产品品种计入有关成本项目

具体可分为以下三个步骤：

第一步，归集和分配各种要素费用。

根据各项要素费用的原始凭证和其他有关资料，编制各种费用分配表，归集并分配各种要素费用。根据要素费用分配表，登记各种产品成本明细账。

品种法成本计算流程

第二步，归集和分配辅助生产费用。

根据上述各种费用分配表和其他有关资料登记的“辅助生产成本明细账”上归集的辅助生产费用，采用适当的分配方法，编制辅助生产费用分配表，分配辅助生产费用，登记各种产品成本明细账。

第三步，归集和分配基本车间制造费用。

根据上述各项要素费用分配表和其他有关资料登记的基本生产车间“制造费用明细账”上归集的生产费用，采用一定的方法在各种产品之间进行分配，编制制造费用分配表，并登记各种产品成本明细账。

三、计算各种完工产品的总成本和单位成本，并结转完工产品成本

根据上述各种费用分配表和其他有关资料登记的产品成本明细账，月末采用适当的方法分配计算各种完工产品成本和在产品成本。如果月末没有在产品，则本月发生的生产费用就全部是完工产品成本。

根据各生产成本明细账计算出来的本月完工产品成本，汇总编制“完工产品成本汇总表”，计算出完工产品总成本和单位成本，并结转本月完工产品成本。品种法成本核算的基本程序如图7-1所示。

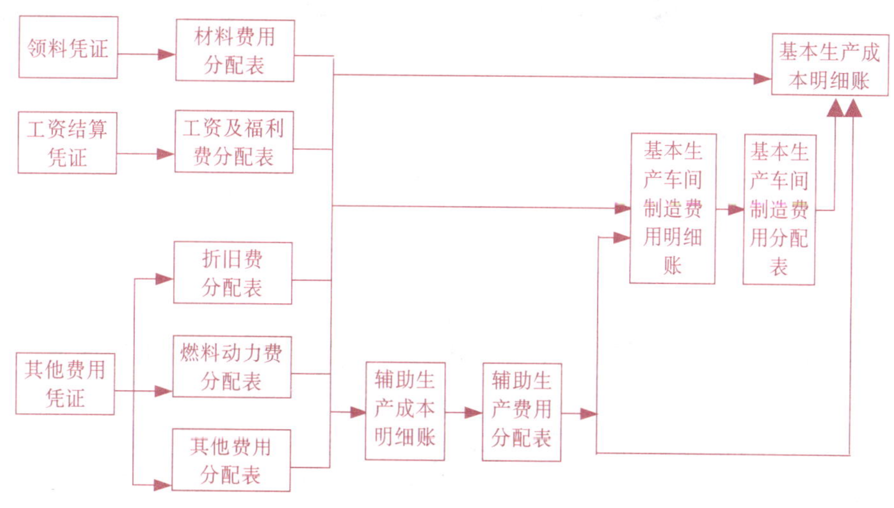

图7-1 品种法成本核算基本程序

议一议

在品种法成本核算步骤中，有可能涉及哪些会计科目？借贷方向会发生怎样的变化？

第三节　品种法举例

一、单一品种的品种法举例

（一）资料

永明电厂设有燃料、锅炉、汽机、电机四个基本生产车间，另有机修、供热、运输三个辅助生产车间（见图7－2）。

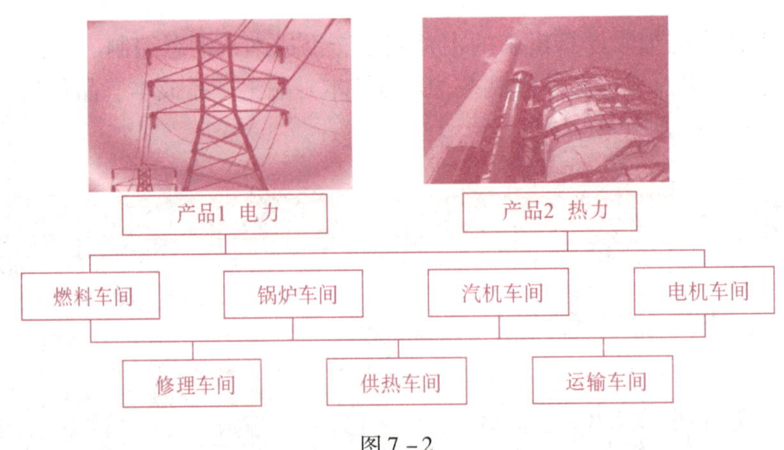

图7－2

该厂供应电力、热力，6月份有关费用资料已按成本项目归集汇总，如表7－1所示。

表7－1　　各车间生产费用汇总表　　单位：百元

成本项目／车间部门	直接材料				直接人工			制造费用					合计
	燃料	水费	材料	小计	工资	职工福利费	小计	工资及福利费	折旧费	修理费	其他费用	小计	
燃料车间	3 000			3 000	130	18.20	148.20	13.68	200	30	20.32	264.00	3 412.20
锅炉车间		40		40	140	19.60	159.60	14.82	300	40	12.68	367.50	567.10
汽机车间			100	100	135	18.90	153.90	14.25	400	50	23.75	488.00	741.90
电机车间			80	80	125	17.50	142.50	13.11	500	60	29.89	603.00	825.50
小计	3 000	40	180	3 220	530	74.20	604.20	55.86	1 400	180	86.64	1 722.50	5 546.70
修理车间			300	300	70	9.80	79.80	7.41	100	15	4.70	127.10	506.90
供热车间	5			5	10	1.40	11.40	1.71	25	2.5	11.00	40.20	56.60
运输车间			20	20	60	8.40	68.40	6.27	75	27.5	15.50	124.30	212.70
小计	5		320	325	140	19.60	159.60	15.39	200	45	31.20	291.60	776.20
合计	3 005	40	500	3 545	670	93.80	763.80	71.25	1 600	225	117.84	2 014.10	6 322.90

（二）成本核算

为简化起见，在计算电力和热力成本时，表7－1中各辅助生产车间的全部生产费用都作为“制造费用”转入成本计算单中的“制造费用”成本项目。

由于电厂生产的电力和热力两种产品是在同一生产过程中产生的，不易划清两种产品各自消耗的生产费用，进行成本计算时采取一定的比例进行分配。根据传统资料，该厂的各项生产费用均按电力76%、热力24%的比例分配。另外，在分配费用时均不考虑厂内自耗，即只按生产供应量计算。

假设该厂本月供电量为100个单位，供热量为120个单位，计算出电力的热力的总成本和单位成本（见表7－2）。

表7－2 **产品成本计算单** 单位：百元

成本项目	生产费用合计 (1)	电力成本 (2)＝(1)×76%	热力成本 (3)＝(1)×24%
直接材料	3 220.00	2 447.20	772.80
直接人工	604.20	459.19	145.01
制造费用	2 498.70	1 899.01	599.69
总成本	6 322.90	4 805.40	1 517.50
供应量	—	100个单位	120个单位
单位成本	—	48.05元/单位	12.65元/单位

表7－2中“制造费用”合计2 498.72百元，系基本生产车间“制造费用”1 722.50百元与辅助生产车间全部生产费用776.20百元之和。如果该电厂只生产电，不供应热能，则成本计算单中的生产费用为电力总成本，除以供电量即为电力单位成本。

思考：如果该电厂既生产电能，又供应热能、总成本会发生怎样的变化？

二、多品种的品种法举例

（一）资料

永新纺织机械厂设有铸造、机加工两个基本生产车间，属大量大批生产。铸造车间生产A、B两种产品，机加工车间生产C产品。另设置一个修配车间为各车间部门提供修配劳务（见图7－3）。

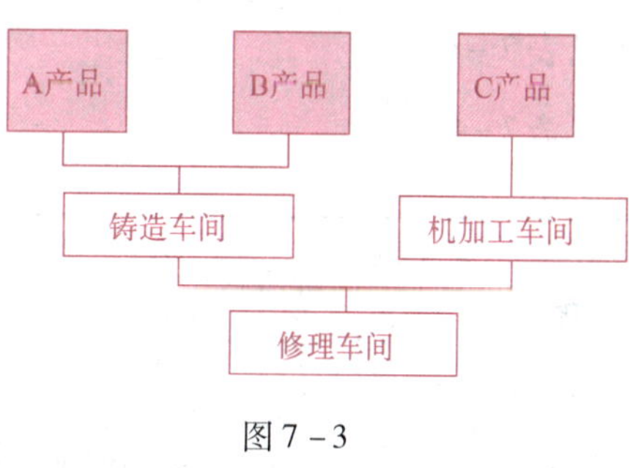

图7－3

该厂按约当产量法计算完工产品和月末在产品成本。A、B两种产品均为生产开始时一次投料，C产品随完工程度逐步投料，假设投料程度与完工程度一致。期初在产品成本、各种产成品数量，期末在产品数量和完工程度已在各产品成本明细账内列示。辅助生产车间不设“制造费用”明细账，车间内各项费用均归集在“生产成本——辅助生产”账户中。

（二）成本计算程序及有关账务处理

1. 设置明细账及成本项目专栏

首先开设生产成本明细账，并在各明细账中按成本项目设专栏。A、B、C 三种产品成本明细账分别见表 7－13、表 7－14、表 7－15。

2. 归集和分配有关费用

据本月有关成本计算资料，归集和分配有关费用，并计入各产品的生产成本明细账的有关成本项目。

（1）根据领料原始凭证，按用途编制材料费用分配表（见表 7－3）。

表 7－3

材料费用分配表

××年×月×日

单位：元

费用分配 分配对象	直接耗用材料	共同耗用材料					合　计
		本月投产量	单耗定额	定额耗用量	分配率	分配费用	
A 产品	19 200.00	1 200	3	3 600		5 328.00	24 528.00
B 产品	12 000.00	1 440	1	1 440		2 131.20	14 131.20
小计	31 200.00			5 040	1.48	7 459.20	38 659.20
C 产品	7 200.00						7 200.00
合计	38 400.00						45 859.20
铸造车间：							
机物料消耗	1 920.00						1 920.00
低易品摊销	1 200.00						1 200.00
机加车间：							
机物料消耗	840.00						840.00
低易品摊销	960.00						960.00
修配车间：							
材料	3 480.00						3 480.00
机物料消耗	720.00						720.00
周转材料摊销	1 560.00						1 560.00
总计	49 080.00					7 459.20	56 539.20

（2）工资结算汇总表及职工福利费、社会保险费等计算表，编制职工薪酬费用分配表（见表 7－4）。

表 7－4

职工薪酬费用分配表

××年 8 月

单位：元

费用分配 分配对象	生产工时	应付工资合计	职工福利费（14%）	职工社会保险费（31.6%）	住房公积金（8%）	工会经费（2%）	职工教育经费（1.5%）	合计
A 产品	7 200	58 104.00	8 134.56	18 360.86	4 648.32	1 162.08	871.56	91 281.38
B 产品	4 800	4 835.00	676.90	1 527.86	386.80	96.70	72.53	7 595.79
小计	12 000	62 939.00	8 811.46	19 888.72	5 035.12	1 258.78	944.09	98 877.17
C 产品	6 000	21 360.00	2 990.40	6 749.76	1 708.80	427.20	320.40	33 556.56
合计	18 000	84 299.00	11 801.86	26 638.48	6 743.92	1 685.98	1 264.49	132 433.73
铸造车间		3 336.00	467.04	1 054.18	266.88	66.72	50.04	5 240.86
机加工车间		1 638.00	229.32	517.61	131.04	32.76	24.57	2 573.30
修配车间	12 000	1 473.60	206.30	465.66	117.89	29.47	22.10	2 315.03
总计		90 746.60	12 704.52	28 675.93	7 259.73	1 814.93	1 361.20	142 562.91

（3）根据固定资产折旧计算表，编制折旧费用分配表（见表7－5）。

表7－5　　折旧费用分配表

××年8月　　单位：元

费用分配 / 分配对象	应计提折旧的固定资产原值	应计提折旧额（月折旧率0.2%）
铸造车间	480 000	960
机加车间	432 000	864
修配车间	288 000	576
合计	1 200 000	2 400

思考： 这里对固定资产折旧的计提，采用的是什么方法？对固定资产折旧计提方法有哪些？

（4）根据有关电费记录，计算分配电费并编制动力费用分配表（见表7－6）。

表7－6　　动力费用分配表

××年8月　　单位：元

产品及车间名称		生产工时	分配率	分配额
生产用	A产品	7 200		2 880
	B产品	4 800		1 920
	C产品	6 000		2 400
	小计	18 000	0.4	7 200
照明用	铸造车间			600
	机加车间			480
	小计			1 080
修配车间		1 200		360
合计				8 640

（5）各车间、部门为制造产品而发生的其他各项间接费用支出，根据有关付款凭证，并按费用发生地点和用途编制其他费用分配表（见表7　7）。

表7－7　　其他费用分配表

单位：元

车间及部门	办公费	水费	其他	合计
铸造车间	960.00	60.00	147.14	1 167.14
机加车间	480.00	48.00	12.00	540.00
修配车间	960.00	36.00	72.97	1 068.97
合计	2 400.00	144.00	232.11	2 776.11

（6）归集和分配辅助生产费用。

第一，根据上述各项费用分配表及有关凭证，登记辅助生产明细账（见表7－8）。

第二，根据修配车间为基本生产车间提供的修理工时，分配辅助生产费用（见表7－9）。

表7－8　　辅助生产明细账

车间名称：修配车间　　××年×月×日　　单位：元

月	日	摘要	材料	职工薪酬	折旧费	水电费	办公费	机物料	周转材料	其他	合计
（略）	（略）	分配材料	3 480.00					720.00	1 560.00		5 760.00
		分配职工薪酬		2 315.03							2 315.03
		分配折旧费			576.00						576.00
		分配动力费				360.00					360.00
		分配其他费用				36.00	960.00			72.97	1 068.97
		本月发生额	3 480.00	2 315.03	576.00	396.00	960.00	720.00	1 560.00	72.97	10 080.00
		月末结转	-3 480.00	-2 315.03	-576.00	-396.00	-960.00	-720.00	-1 560.00	-72.97	-10 080.00

表7－9　　辅助生产费用分配表

车间名称：修配车间　　××年×月×日　　单位：元

分配费用	修理总工时	工时分配率	铸造车间		机加车间	
			修理工时	分配费用	修理工时	分配费用
10 080	1 200	8.4	720	6 048	480	4 032

（7）归集和分配制造费用。首先应根据上述各种费用分配表，分别按车间登记制造费用明细账（见表7－10、表7－11）。

表7－10　　制造费用明细账

铸造车间　　××年×月×日　　单位：元

月	日	摘要	职工薪酬	办公费	水电费	机物料	折旧费	修理费	周转材料	其他	合　计
（略）	（略）	分配耗用材料				1 920			1 200		3 120.00
		分配职工薪酬	5 240.86								5 240.86
		分配折旧费					960				960.00
		分配动力费			600						600.00
		分配其他费用		960	60					147.14	1 167.14
		分配修配车间费用						6 048			6 048.00
		本月发生	5 240.86	960.00	660.00	1 920.00	960.00	6 048.00	1 200.00	147.14	17 136.00
		本月转出	-5 240.86	-960.00	-660.00	-1 920.00	-960.00	-6 048.00	-1 200.00	-147.14	-17 136.00

表7－11　　制造费用明细账

机加车间　　××年×月×日　　单位：元

月	日	摘要	职工薪酬	办公费	水电费	机物料	折旧费	修理费	周转材料	其他	合　计
（略）	（略）	分配耗用材料				840			960		1 800.00
		分配职工薪酬	2 573.30								2 573.30
		分配折旧费					864				864.00
		分配动力费			480						480.00
		分配其他费用		480	48					12	540.00
		分配修配车间费用						4 032			4 032.00
		本月发生	2 573.30	480	528	840	864	4 032	960	12	10 289.30
		本月转出	-2 573.30	-480	-528	-840	-864	-4 032	-960	-12	-10 289.30

由于铸造车间生产A、B两种产品，故其制造费用尚须采用适当方法在A、B两种产品之间进行分配后，再分别记入A、B两种产品生产成本明细账中的“制造费用”成本项目；机加工车间只生产C产品一种产品，因此该车间的制造费用可直接记入C产品生产成本明细账的“制造费用”成本项目。

月末，根据制造费用明细账编制制造费用分配表分配制造费用（见表7-12）。

表7-12　制造费用分配表

××年×月×日　单位：元

项目 产品	生产工时	分配率	分配费用
A产品	7 200		10 281.60
B产品	4 800		6 854.40
小计	12 000	1.428	17 136.00
C产品	6 000		10 289.30
合计	18 000		27 425.30

3. 计算算法转完工产品成本

根据A、B、C三种产品的生产成本明细账计算出完工产品总成本和单位成本，并结转本月完工产品成本。

（1）根据各种费用分配表及记账凭证，登记A、B、C三种产品成本明细账后，再将其所登记的全部生产成本，采用约当产量法，在本月完工产品和月末在产品之间进行分配，从而计算出完工产品总成本和单位成本（见表7-13、表7-14、表7-15）。

表7-13　生产成本明细账

××年×月×日

车间名称：铸造车间　月末在产品数量：800件

产品名称：A产品　产成品数量：1 000件　在产品完工程度：50%

月	日	摘要	直接材料	直接人工	制造费用	合　计
（略）	（略）	月初在产品成本	7 152.00	1 398.62	3 858.40	12 409.02
		分配材料费	24 528.00			24 528.00
		分配职工薪酬		91 281.38		91 281.38
		分配动力费	2 880.00			2 880.00
		分配制造费用			10 281.60	10 281.60
		本月生产费用累计	34 560.00	92 680.00	14 140.00	141 380.00
		单位成本分配率	19.2	66.2	10.10	95.50
		结转产成品总成本	-19 200.00	-66 200.00	-10 100.00	-95 500.00
		月末在产品成本	15 360.00	26 480.00	4 040.00	45 880.00

表 7-14

生产成本明细账

××年×月×日

车间名称：铸造车间　　　　　　　　　　　　　　　　　　　　　月末在产品数量：800 件

产品名称：B 产品　　　　　　　　产成品数量：2 000 件　　　　　在产品完工程度：50%

月	日	摘要	直接材料	直接人工	制造费用	合计
（略）	（略）	月初在产品成本	6 012. 80	1 236. 21	1 257. 60	8 506. 61
		分配耗用材料	14 131. 20			14 131. 20
		分配职工薪酬		7 595. 79		7 595. 79
		分配动力费	1 920. 00			1 920. 00
		分配制造费用			6 854. 40	6 854. 40
		本月生产费用累计	22 064. 00	8 832. 00	8 112. 00	39 008. 00
		单位成本分配率	7. 88	3. 68	3. 38	14. 94
		结转产成品总成本	-15 760. 00	-7 360. 00	-6 760. 00	-29 880. 00
		月末在产品成本	6 304. 00	1 472. 00	1 352. 00	9 128. 00

表 7-15

生产成本明细账

××年×月×日

车间名称：铸造车间　　　　　　　　　　　　　　　　　　　　　月末在产品数量：500 件

产品名称：C 产品　　　　　　　　产成品数量：1 500 件　　　　　在产品完工程度：80%

月	日	摘要	直接材料	直接人工	制造费用	合计
（略）	（略）	月初在产品成本	10 350. 00	6 343. 44	1 870. 70	18 564. 14
		分配耗用材料	7 200. 00			7 200. 00
		分配职工薪酬		33 556. 56		33 556. 56
		分配动力费	2 400. 00			2 400. 00
		分配制造费用			10 289. 30	10 289. 30
		本月生产费用累计	19 950. 00	39 900. 00	12 160. 00	72 010. 00
		单位成本分配率	10. 50	21. 00	6. 40	37. 90
		结转产成品总成本	-15 750. 00	-31 500. 00	-9 600. 00	-56 850. 00
		月末在产品成本	4 200. 00	8 400. 00	2 560. 00	15 160. 00

①A 产品完工产品产量为 1 000 件，在产品约当产量为 400 件（800×50%），材料系一次投料。则：

- 直接材料分配率（单位成本）$=\frac{34\ 560}{1\ 000+800}\times 100\%=19.2$

A 产品完工产品材料费用 $=19.2\times 1\ 000=19\ 200$（元）

A 产品月末在产品材料费用 $=34\ 560-19\ 200=15\ 360$（元）

- 直接人工分配率（单位成本）$=\frac{92\ 680}{1\ 000+400}\times 100\%=66.2$

A 产品完工产品人工费用 $=66.2\times 1\ 000=66\ 200$（元）

A 产品月末在产品人工费用 $=92\ 680-66\ 200=26\ 480$（元）

- 制造费用分配率（单位成本）$=\frac{14\ 140}{1\ 000+400}\times 100\%=10.1$

A 产品完工产品制造费用 $=10.1\times 1\ 000=10\ 100$（元）

A 产品月末在产品制造费用 = 14 140 - 10 100 = 4 040（元）

②B 产品完工产品产量为 2 000 件，月末在产品约当产量为 400 件（800 × 50%），材料系一次投料。则：

- 直接材料分配率（单位成本）$=\frac{22\ 064}{2\ 000+800}\times 100\% = 7.88$

  B 产品完工产品材料费用 = 7.88 × 2 000 = 15 760（元）

  B 产品月末在产品材料费用 = 22 064 - 15 760 = 6 304（元）

- 直接人工分配率（单位成本）$=\frac{8\ 832}{2\ 000+400}\times 100\% = 3.68$

  B 产品完工产品人工费用 = 3.68 × 2 000 = 7 360（元）

  B 产品月末在产品人工费用 = 8 832 - 7 360 = 1 472（元）

- 制造费用分配率（单位成本）$=\frac{8\ 112}{2\ 000+400}\times 100\% = 3.38$

  B 产品完工产品制造费用 = 3.38 × 2 000 = 6 760（元）

  B 产品月末在产品制造费用 = 8 112 - 6 760 = 1 352（元）

③C 产品完工产品 1 500 件，在产品约当产量 400 件（500 × 80%），材料系按完工程度逐步投入。则：

- 直接材料分配率（单位成本）$=\frac{19\ 950}{1\ 500+400}\times 100\% = 10.5$

  C 产品完工产品材料费用 = 10.5 × 1 500 = 15 750（元）

  C 产品月末在产品材料费用 = 19 950 - 15 750 = 4 200（元）

- 直接人工分配率（单位成本）$=\frac{39\ 900}{1\ 500+400}\times 100\% = 21$

  C 产品完工产品人工费用 = 21 × 1 500 = 31 500（元）

  C 产品月末在产品人工费用 = 39 900 - 31 500 = 8 400（元）

- 制造费用分配率（单位成本）$=\frac{12\ 160}{1\ 500+400}\times 100\% = 6.4$

  C 产品完工产品制造费用 = 6.4 × 1 500 = 9 600（元）

  C 产品月末在产品制造费用 = 12 160 - 9 600 = 2 560（元）

（2）根据 A、B、C 三种产品基本生产成本明细账计算的完工产品总成本和单位成本，编制“完工产品成本汇总表”（见表 7 - 16）。

表 7 - 16 **完工产品成本计算单**

× ×年×月×日 单位：元

产品名称 成本	A 产品 1 000 件		B 产品 2 000 件		C 产品 1 500 件		总成本合计
	总成本	单位成本	总成本	单位成本	总成本	单位成本	
直接材料	19 200.00	19.20	15 760.00	7.88	15 750.00	10.5	50 747.58
直接人工	66 200.00	66.20	7 360.00	3.68	31 500.00	21	105 150.88
制造费用	10 100.00	10.10	6 760.00	3.38	9 600.00	6.4	26 479.88
合计	95 500.00	95.50	29 880.00	14.94	56 850.00	37.90	182 378.34

根据“完工产品成本汇总表”编制会计分录，登记库存商品总账及明细账，作如下账务处理：

借：库存商品——A产品　　95 500.00
　　　　　　——B产品　　29 880.00
　　　　　　——C产品　　56 850.00
　贷：生产成本——基本生产成本（A产品）　　95 500.00
　　　　　　　——基本生产成本（B产品）　　29 880.00
　　　　　　　——基本生产成本（C产品）　　56 850.00

做一做

请试着将前面步骤中所涉及的会计分录补齐。

第八章
产品成本计算的分批法

【学习目的和要求】

- 理解分批法的含义
- 掌握产品成本计算分批法的核算程序
- 熟练应用分批法计算产品成本
- 了解和掌握简化分批法的核算特点

导入案例

春节过后，不知什么原因，王蓉厂里一下接到很多加工职业装的订单，颜色多为灰色或蓝色的西式套装。因为这些订单都是按标准的号码生产，为了提高生产效率，王蓉让生产部和设计部将这些订单按面料和交货时间进行整理、分类，并进行适当的合并，以减少加工批别。但在众多的订单中，还是有几件套装的面料和尺码的加工要求比较特别。为此，王蓉要求对这几件套装务必量体裁衣、单独设计、单独核算。

案例解析

服装厂与电厂的生产特点有很大的不同，企业的生产是按生产批别来组织的，一般具有批别多、数量大的生产特点。其次服装厂的产品通常需要经过多个生产步骤才能加工完成，制造过程比较复杂。这些情况都决定了服装厂的成本核算一般应当按分批法来组织核算。不仅如此，分批法还适用于精密仪器、专用设备、特种重型机械以及造船厂等采用单件、小批生产企业的成本核算，即按每件产品来归集生产费用、计算完工产品成本。

第一节 分批法的含义及特点

一、分批法的含义

分批法，是按照产品批别计算产品成本的一种方法。这种方法适用于单件/小批生产，以及管理上不要求分步骤计算成本的多步骤生产，如精密仪器、专用设备、重型机械和船舶制造等。

在一些生产企业中，产品的品种和每批产品的批量往往是根据购货方的订单确定，因此，按照产品批别计算产品成本就是按照订单计算产品成本。故产品成本计算的分批法，亦称“订单法”。

请注意：产品批别一般根据客户的订单确定，但批别与订单有时也存在不一致的情况。比如：一个订单作为一批，一个订单分为多批，多个交货时间和品种相同的订单作为一批，交货时间不同的一个订单作为多批。

二、分批法的特点

分批法特点

分批法的特点主要有以下几方面：

（一）以产品批别为成本计算对象

在单件/小批生产的企业中，客户的购货订单是企业组织生产的基础，但客户的订单形式又是多种多样的。有的一张客户订单上只有一种产品，有的订单则可能包括了几种产品；或虽然一张订单上只有一种产品但数量较大，不便一次性投产；有时不同客户都订购同一种产品，且每个客户的订单数量不多，等等。因此，企业应当根据不同情况合理地组织生产，确定成本计算对象。

（1）当客户的订单只有一种产品，数量也适合作为一个批别生产时，就可根据这张订单确定一个产品批别，设置一个生产成本明细账。

（2）当客户的订单虽只有一种产品且数量较大不便一次性投产时，企业可根据实际情况将其划分成较小的批别，则每一个批别需要设置一个生产成本明细账。

（3）当客户的一张订单包括了几种产品，就需要按每种产品分别投产，同时也需要按每种产品分别设置生产成本明细账。

（4）当不同的客户都订购同一种产品，且数量不多，则企业可将其合并为一批组织生产，并设置一个生产成本明细账组织核算。

由此可以看出，分批法的成本计算对象可以是客户的原订单（外部订单），也可以是企业根据客户的原订单进行调整（分类、汇总）后下达的产品批别或工号（内部订单）。但是，无论企业的外部订单与内部订单是否一致，每张内部订单都只能是一种产品。

知识链接

外部订单和内部订单

外部订单：是指客户与企业签订的合同，又称“原订单”。

内部订单：是指企业根据客户的原订单进行调整（分类、汇总）后下达的产品批别或工号。

（二）以产品的生产周期作为成本计算期

由于每批或每一订单的成本计算工作需要在该批（或订单）产品完工后进行，因此成本计算期与产品的生产周期一致，而不一定与会计报告期一致，但发生的生产费用同样应按月核算并记入各基本生产成本明细账（或成本计算单）。所以在分批法下成本计算期是不定期的，但与产品的生产周期一致，即以每批或每一订单产品的生产周期作为成本计算期。

（三）生产费用一般不需要在月末完工产品与在产品之间进行分配

采用分批法计算成本，生产费用一般不需要在完工产品与月末在产品之间进行分配。各批产品所归集的生产费用，如月末全部完工，这些生产费用即为该批完工产品的成本；若全部未完工，所归集的生产费用即为该批产品的月末在产品成本。在批量较大的情况下，如果出现同批产品跨月陆续完工时，则需采用一定的方法计算完工产品成本。如在跨月完工产品不多的情况下，为了简化成本核算工作，完工产品成本可按计划成本或定额成本计算，产品成本计算单中所归集的全部费用，减去完工产品的计划成本或定额成本，即为该批产品的月末在产品成本，待该批产品全部完工时再计算该批产品的实际总成本。如果批内产品跨月完工的情况较多，则应采用适当的方法分配计算实际成本，以提高成本计算的正确性。

提示：实践中，为了使同一批产品尽量同时完工，简化成本核算，可以适当缩小产品的批量。

第二节　分批法成本计算程序

一、分批法计算成本的基本程序

分批法成本计算流程

1. 设置基本生产成本明细账

按批别或订单设置基本生产成本明细账，按成本项目分设专栏。

2. 分配各种要素费用

根据各种费用分配表，将各项费用分别按产品批别或订单计入基本生产成本明细账各有关成本项目。

在分批法下，特别强调按批别或订单归集生产费用。因此，各批别或各订单产品直接耗用的材料、人工等费用，都要在有关原始凭证上填明生产批号（生产通知单号）和订单号，以便将各项生产费用归集、整理后，直接记入相应的基本生产成本明细账中的“直接材料”和“直接人工”等成本项目。对辅助生产费用和制造费用，则需要按照发生地点和用途先进行归集，然后按照受益原则采用适当的方法分配记入各有关基本生产成本明细账中相应的成本项目。

3. 按批别或订单计算完工产品成本

根据批别或订单产品的完工通知单，将记入已完工的该批或该订单基本生产成本明细账中的各项生产费用，按成本项目加以汇总，计算该批或该订单产品总成本，以总成本除以产量，计算出该批或该订单产品的单位成本。

4. 结转产成品成本

如果批内或同一订单的产品中有跨月陆续完工并已销售或提货，需要结转已完工产品成本时，可采用适当的方法，计算已完工产品的实际成本，也可按完工数量和计划单位成本计算已完工产品的计划成本，结转“库存商品”账户。待该批产品全部完工后，应按实际发生的各项生产费用加以汇总，计算出该批或该订单产品的实际总成本，再将实际总成本扣除已按实际成本或已按计划成本结转的差额结转“库存商品”账户，然后确定该批产品的实际总成本和单位成本。分批法成本计算的一般程序如图 8－1 所示。

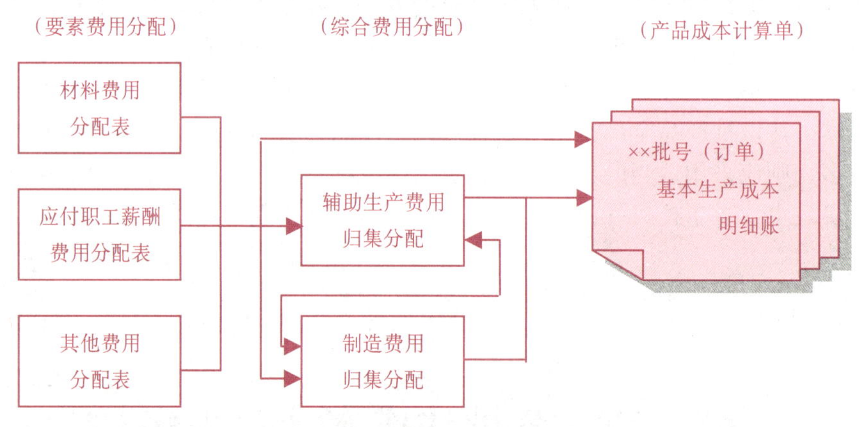

图 8－1　分批法成本计算程序图

二、分批法举例

（一）分批法举例——批内产品同时完工

【例 8－1】　海星成衣设备厂 9 月份根据客户订单继续生产 7 月份已经投产的 SM71 号 A 产品 100 台，8 月份已经投产的 SM81 号 B 产品 50 台和本月新投产 SM91 号 C 产品 80 台。A 产品和 B 产品 7 月份和 8 月份的各项生产费用，已按该月的各项费用分配表记入相应的基本生产成本明细账有关成本项目专栏中。

本月的生产情况：SM71 号 A 产品已于本月 28 日全部完工，SM81 号 B 产品和 SM91 号 C 产品本月尚未完工。

本月发生的生产费用情况：直接材料费 SM71 号 A 产品 4 000 元，SM81 号 B 产品3 000 元，SM91 号 C 产品 20 000 元，直接人工费用 16 000 元，制造费用 12 000 元。

本月实际耗用工时：50 000 小时，其中：SM71 号 A 产品 10 000 小时，SM81 号 B 产品 25 000 小时，SM91 号 C 产品 15 000 小时。

直接材料费用应根据各批产品直接记入相应的基本生产成本明细账中的“直接材料”项目中，直接人工费用和制造费用需要根据各批产品所耗工时进行分配后，分别记入相应的基本生产成本明细账中的相关专栏。直接人工费用分配表和制造费用分配表如表 8－1、表 8－2 所示。

表 8－1　　直接人工费用分配表

产品批号及名称	实际耗用工时（小时）	分配率	应分配金额（元）
SM71 号 A 产品	10 000		3 200
SM81 号 B 产品	25 000		8 000
SM91 号 C 产品	15 000		4 800
合　计	50 000	0.32	16 000

表 8－2　　制造费用分配表

产品批号及名称	实际耗用工时（小时）	分配率	应分配金额（元）
SM71 号 A 产品	10 000		2 400
SM81 号 B 产品	25 000		6 000
SM91 号 C 产品	15 000		3 600
合　计	50 000	0.24	12 000

思考：表 8－1 中的直接人工费用和表 8－2 中的制造费用的分配率是怎样计算得来的？

根据以上分配结果，分别记入三批产品的基本生产成本明细账中，见表 8－3 至表 8－5。

表 8－3　　基本生产成本明细账

生产批号：SM71　　　　投产日期：7 月 3 日

产品名称：A 产品　　批量：100 台　　　　完工日期：9 月 8 日

××年		摘　要	直接材料	直接人工	制造费用	合　计
月	日					
7	31	7 月份分配转入费用	30 000	4 200	3 800	38 000
8	31	8 月份分配转入费用	6 000	4 000	2 700	12 700
		至 8 月份止累计余额	36 000	8 200	6 500	50 700
9	30	直接计入材料费用	4 000			4 000
		分配转入人工费用		3 200		3 200
		分配转入制造费用			2 400	2 400
		至 9 月份止累计余额	40 000	11 400	8 900	60 300
		结转本批完工产品总成本	－40 000	－11 400	－8 900	－60 300
		本批产品单位成本	400	114	89	603

表 8 -4　　基本生产成本明细账

生产批号：SM81　　投产日期：8 月 5 日

产品名称：B 产品　　批量：50 台　　完工日期：10 月 20 日

××年		摘　要	直接材料	直接人工	制造费用	合　计
月	日					
8	31	8 月份分配转入费用	20 000	3 000	2 600	25 600
9	30	直接计入材料费用	3 000			3 000
9	30	分配计入人工费用		8 000		8 000
9	30	分配计入制造费用			6 000	6 000
9	30	至 9 月份止累计余额	23 000	11 000	8 600	42 600

表 8 -5　　基本生产成本明细账

生产批号：SM91　　投产日期：9 月 4 日

产品名称：C 产品　　批量：80 台　　完工日期：10 月 26 日

××年		摘　要	直接材料	直接人工	制造费用	合　计
月	日					
9	30	直接计入材料费用	20 000			20 000
9	30	分配计入人工费用		4 800		4 800
9	30	分配计入制造费用			3 600	3 600
9	30	至 9 月份止累计余额	20 000	4 800	3 600	28 400

从例 8 -1 的计算、分配可以看出：采用分批法计算产品成本，在没有跨月陆续完工产品的情况下，哪个批号的产品完工就计算哪个批号产品的总成本和单位成本；对于没有完工产品的批号，只将其所发生的生产费用进行累计即可作为该批号产品的在产品成本。

（二）分批法举例——同批产品跨月陆续完工

【例 8 -2】　海量成衣设备厂除生产 SM71 号 A 产品、SM81 号 B 产品、SM91 号 C 产品外，还生产 SM72 号 D 产品。该批产品于 7 月份投产，批量 40 台，截至 8 月底完工 30 台，客户已提走，尚有 10 台在 9 月份继续生产加工。截至 8 月底累计发生费用如表 8 -6“基本生产成本明细账”所示。该批号产品系一次投料，加工费用陆续发生，月末在产品的完工程度为 50%，采用约当产量法结转已完工 30 台产品的成本。该批产品在 9 月 24 日全部完工。

表 8 -6　　基本生产成本明细账

生产批号：SM72　　投产日期：7 月 15 日

产品名称：D 产品　　批量：40 台　　完工日期：9 月 30 日完工 30 台

××年		摘　要	直接材料	直接人工	制造费用	合　计
月	日					
7	31	7 月份分配转入费用	24 000	1 000	700	25 700
8	31	8 月份分配转入费用		2 500	1 400	3 900
8	31	至 8 月份止累计发生费用	24 000	3 500	2 100	29 600
8	31	约当产量	40	35	35	—

续表

××年		摘　要	直接材料	直接人工	制造费用	合　计
月	日					
8	31	单位成本（分配率）	600	100	60	—
8	31	结转完工30台成本	-18 000	-3 000	-1 800	-22 800
8	31	至8月份止累计余额	6 000	500	300	6 800
9	30	9月份分配转入费用		2 000	1 000	3 000
9	30	至9月份止累计余额	6 000	2 500	1 300	9 800
9	30	结转全部完工产品成本后的余额	-6 000	-2 500	-1 300	-9 800
9	30	本批产品总成本	-24 000	-5 500	-3 100	-32 600
9	30	本批产品单位成本	600.00	137.50	77.50	815.00

1. 计算约当产量

直接材料项目系一次投料，因此分配材料费用的约当产量为：

分配材料费用约当产量 $=30+10=40$（台）

直接人工项目约当产量 $=30+10\times50\%=35$（台）

制造费用项目约当产量 $=30+10\times50\%=35$（台）

2. 计算单位成本（分配率）

$$直接材料项目=\frac{24\ 000}{40}=600$$

$$直接人工项目=\frac{3\ 500}{35}=100$$

$$制造费用项目=\frac{2\ 100}{35}=60$$

提示：复习一下约当产量的计算方法，理解上述直接材料、直接人工、制造费用项目约当产量的确定。

在实际工作中为了简化中间完工产品成本的计算工作，也可按计划成本或定额成本结转，待该批号产品全部完工后，先结转该批产品全部完工后的余额，再计算出该批产品的实际总成本和单位成本。

【例8-3】 承例8-2资料，按计划成本结转中间完工产品成本。每台产品的计划成本为：直接材料600元，直接人工110元，制造费用70元。8月份先按计划单位成本结转完工30台的成本，到9月份该批产品全部完工后，结转全部完工产品成本后的费用差额，再调整计算出该批产品的总成本和单位成本。SM72号D产品的成本计算如表8-7所示。

表8-7　　基本生产成本明细账

生产批号：SM72　　投产日期：7月15日

产品名称：D产品　　批量：40台　　完工日期：9月24日

××年		摘　要	直接材料	直接人工	制造费用	合　计
月	日					
7	31	7月份分配转入费用	24 000	1 000	700	25 700
8	31	8月份分配转入费用	—	2 500	1 400	3 900

续表

××年		摘 要	直接材料	直接人工	制造费用	合 计
月	日					
8	31	至8月份止累计发生费用	24 000	3 500	2 100	29 600
8	31	计划单位成本	600	110	70	780
8	31	按计划成本转完工30台成本	-18 000	-3 300	-2 100	-23 400
8	31	至8月份止累计余额	6 000	200	0	6 200
9	30	9月份分配转入费用	—	2 000	1 000	3 000
9	30	至9月份止累计余额	6 000	2 200	1 000	9 200
9	30	结转全部完工产品成本后的差额	-6 000	-2 200	-1 000	-9 200
9	30	本批产品总成本	-24 000	-5 500	-3 100	-32 600
9	30	本批产品单位成本	600.00	137.50	77.50	815.00

第三节 简化的分批法

一、简化分批法的涵义

在单件/小批生产的企业中，有时产品的批别特别多，如果按月将各种间接费用在各批产品之间进行分配，其工作量极为繁重。因此，在投产批别及月末完工批数较多的企业中，可采用一种简化的分批法——累计分配法。

该方法适用于同一月份投产的产品批发很多，且月末未完工批数也较多的企业。如果月末未完工的批数不多，则不宜采用。且在各月间接计入费用水平相差悬殊的情况下也不宜采用。

简化分批法的特点是，核算时仍按产品批别设立基本生产成本明细账，在账内登记各批产品所发生的直接费用（如直接材料费用）和该批产品所耗工时，并运用平行登记的方法将各明细账所登内容汇总登记“基本生产成本”二级账，在有完工批别产品的月份，才分配间接费用，计算和结转该批完工产品的总成本和单位成本，反之则不结转。

二、简化分批法核算的基本程序

（1）按照产品批别设立基本生产成本二级账和“基本生产成本”明细账。

（2）在各基本生产成本明细账中，平时只反映该批产品所耗直接费用和所耗工时数。

（3）月终在“基本生产成本”二级账中统一计算费用分配率（包括直接人工、制造费用）并据以计算完工批别产品的总成本和单位成本。

三、简化分批法举例

【例8-4】 松江公司小批量生产多种产品，产品批数较多，采用简化分批法计算成本。该企业8月份各批产品的情况如下：

SH602号A产品10件，6月投产，本月全部完工；

SH703号B产品16件，7月投产，本月尚未完工；

SH705号C产品12件，7月投产，本月完工6件；

SH801号D产品20件，本月投产，本月尚未完工。

以上各批产品的材料费用系一次投入，加工费陆续发生。其中SH705号C产品完工6件占累计工时80%，该企业设立的基本生产成本二级账及各月发生费用情况如表8-8所示。

表8-8　　基本生产成本二级账

××年		摘　要	直接材料	生产工时	直接人工	制造费用	合　计
月	日						
6	30	本月发生	6 000	8 000	2 000	1 000	9 000
7	31	本月发生	10 000	12 000	3 000	1 400	14 400
8	31	本月发生	8 000	10 000	4 000	1 500	13 500
8	31	本月累计	24 000	30 000	9 000	3 900	36 900
8	31	费用分配率			0.3	0.13	—
8	31	本月完工转出	-8 200	19 400	-5 820	-2 522	-16 542
8	31	月末在产品	15 800	10 600	3 180	1 378	20 358

表8-8中的费用分配率计算如下：

$$直接人工费用分配率=\frac{9\ 000}{30\ 000}=0.3$$

$$制造费用分配率=\frac{3\ 900}{30\ 000}=0.13$$

各批明细账如表8-9至表8-12所示。在这些明细账中，对于没有完工产品的月份，只登记直接材料费用（一般情况下材料都是根据领料凭证直接计入）和生产该批产品所耗工时。基本生产成本二级账与其所属的各个基本生产成本明细账中的直接材料项目和生产工时项目，应采用平行登记的方法进行登记，既要登记各个基本生产成本明细账，同时又要汇总登记基本生产成本二级账。

表8-9　　基本生产成本明细账

生产批号：SH602　　投产日期：6月5日

产品名称：A产品　　批量：10件　　完工日期：8月20日

××年		摘　要	直接材料	生产工时	直接人工	制造费用	合　计
月	日						
6	30	本月发生	6 000	8 000			
7	31	本月发生		3 000			

续表

××年		摘　要	直接材料	生产工时	直接人工	制造费用	合　计
月	日						
8	31	本月发生		2 000			
8	31	累计费用及分配率	6 000	13 000	0. 3	0. 13	
8	31	结转完工产品成本	-6 000	13 000	-3 900	-1 690	-11 590
8	31	完工产品单位成本	600	—	390	169	1 159

表 8-10　　　　基本生产成本明细账

生产批号：SH703　　　　投产日期：7 月 3 日

产品名称：B 产品　　批量：16 件　　　　完工日期：8 月 25 日

××年		摘　要	直接材料	生产工时	直接人工	制造费用	合　计
月	日						
7	31	本月发生	5 600	4 000			
8	31	本月发生		2 600			

表 8-11　　　　基本生产成本明细账

生产批号：SH705　　　　投产日期：7 月 10 日

产品名称：C 产品　　批量：12 件　　　　完工日期：8 月 31 日完工 6 件

××年		摘　要	直接材料	生产工时	直接人工	制造费用	合　计
月	日						
7	31	本月发生	4 400	5 000			
8	31	本月发生		3 000			
8	31	累计及分配率	4 400	8 000	0. 3	0. 13	
8	31	结转完工 6 件的成本	-2 200	6 400	-1 920	-832	-4 952
8	31	月末在产品成本	2 200	1 600			

表 8－12　　基本生产成本明细账

生产批号：SH801　　投产日期：8 月 2 日

产品名称：D 产品　　批量：20 件　　完工日期：

××年		摘　要	直接材料	生产工时	直接人工	制造费用	合　计
月	日						
8	31	本月发生	8 000	2 400			

上述简化分批法，又称为“累计工时费用分配法”。在这种方法下，间接费用分配率是在“基本生产成本”二级账户中计算的。间接费用分配率用于各批别完工产品之间、完工批别与月末未完工批别之间，以及某批产品中的完工产品与在产品之间各项间接费用的分配。

再次提醒采用这种方法必须具备两个条件：一是各个月份间接费用的水平相差不多，二是各个月份所生产的产品批别特别多。

请归纳：简化分批法与一般分批法相比较，具有哪些特点？对简化的分批法而言，如下几点你理解到了吗：如采用简化的分批法必须设立基本生产成本二级账；可以简化费用的分配和登记工作；月末未完工产品的批数越多，核算工作就越简化。

第九章
产品成本计算的分步法

【学习目的和要求】

- 了解产品成本计算分步法的特点和种类
- 理解逐步结转分步法和平行结转分步法的成本计算程序及适用范围
- 认识逐步结转分步法和平行结转分步法的主要区别
- 了解按实际成本综合结转和成本还原的方法

导入案例

王蓉迁厂后，需要购进一批新设备。在经过一番周密的市场调研后，王蓉初步选出了几家服装设备生产企业，打算亲自去生产厂家进行现场考察后再做决定。王蓉带上技术部的工程师和财务部的会计师到几家企业转了一圈，通过对这几家企业的产品品质和性能、生产现场、企业环境、价格及售后服务等情况进行对比分析，最后确定向其中的两家企业订货。

案例解析

服装设备企业与造船企业有许多共同点，亦属装配式多步骤生产。所不同的是服装设备企业的产品一般为批量化、规模化、标准化生产，同一型号的产品可以在一条生产线上重复生产，不像造船企业每件产品都有不同的型号、规格和生产要求。其次，服装设备企业往往还可能产生中间产品，如纺织设备厂生产的设备配件等半成品。因此，服装设备企业通常采用分步法来计算产品成本。这样，不仅可以计算出每种产品的成本，对于有半成品销售的企业，还可以计算出各步骤半成品成本。

第一节　分步法的含义及特点

一、分步法的含义

分步法是成本计算的三种基本方法学习中的重点和难点。**分步法，是按照产品品种及其生产步骤归集生产费用，计算各种产品成本及其各步骤半成品成本的一种成本计算方法。**这种方法适用于大量大批多步骤生产的企业，如冶金、纺织、造纸以及大批量生产的机械制造企业等。这类企业的产品生产，通常可分为若干个在生产技术上可以间断的生产步骤进行。如纺织企业可分为纺纱、织布、印染等步骤，造纸企业可分为制浆、造纸、包装等步骤，机械制造企业可分为铸造、加工、装配等步骤。每一个步骤的产品，除最后步骤外，都是半成品。这些半成品可能用于下一步骤继续加工或装配，也可能对外销售。为了加强各步骤的成本管理，不仅要求按照产品品种计算成本，而且还要求按其生产步骤计算成本，以满足各步骤半成品对外销售定价，考核和分析各种产品以及各生产步骤的成本计划执行情况的需要。

二、分步法的特点

（一）以各个生产步骤和产品品种为成本计算对象

分步法特点

在分步法下，产品成本明细账应当根据产品的生产步骤和品种设置，并按成本项目设专栏，反映各步骤生产费用的发生情况，计算各步骤半成品成本和各种产品成本。由于产品成本的分步与实际的生产步骤不一定完全一致，为了简化核算，可以只对管理上要求分步计算成本的生产步骤设置生产成本明细账，单独计算该步骤的半成品成本。但是，无论企业是否按各生产步骤设置产品成本明细账，最终都必须按产品品种设置产品成本明细账，计算各种产品的成本。

（二）成本计算期一般按月定期进行

在大量大批生产企业，各生产步骤都在持续地进行生产，材料不断地投入，产品也将不断地产出，在均衡生产的条件下，月末始终保持一定数量的在产品和完工产品。因此，大量大批生产企业的成本计算通常在月末进行，成本计算期与会计报告期一致，但与生产周期可能不一致。

（三）生产费用需要在完工产品与在产品之间进行分配

由于大量大批生产企业的月末各生产步骤都有一定数量的在产品，所以在计算产品成本时，必须考虑将生产费用在完工产品与在产品之间进行合理分配，以便正确计算完工产品成本。

采用分步法时，应根据成本管理对各生产步骤成本资料的不同要求，以及对简化成本计算工作的需要，完成各生产步骤成本的计算和结转。各生产步骤成本的结转可以分别采用逐步结转分步法和平行结转分步法。一般情况下，对于需要计算各步骤半成品成本的生产可采用逐步结转分步法，对于不需要计算半成品成本的生产则可采用平行结转分步法。

第二节　逐步结转分步法

一、逐步结转分步法的特点

逐步结转分步法，是按照产品的加工步骤和先后顺序，逐步计算并结转各步骤半成品成本，直至最后计算出产品成本的一种成本计算方法。

逐步结转分步法适用于大量大批多步骤连续式生产企业。在这类企业中，有的企业不仅将产成品作为商品对外销售，而且所产半成品也经常作为商品对外销售，如纺织企业的棉纱、坯布，造纸企业的纸浆，机械制造企业的铸件等。有的企业的半成品虽不对外销售，但其半成品为企业内部多种产品所耗用。为了计算各种产品的成本和考核企业内部各生产单位的经济责任，也需要计算这些半成品的成本。

采用这种方法计算各步骤成本时，上一步骤所产半成品的成本，要随着半成品实物的转移，从上一步骤的产品成本明细账转入下一步骤同一产品的产品成本明细账中，以便逐步计算各步骤的半成品成本，最后一个步骤即为产成品成本。各步骤完工半成品由下一步骤直接领用时，半成品成本应在各步骤产品成本明细账之间直接结转。如果是通过半成品库收发，则应设置“自制半成品”账户，通过该账户进行半成品成本的结转。

二、逐步结转分步法成本计算程序

逐步结转分步法工作流程

由于连续式多步骤生产的企业，各步骤半成品一般都具有独立的经济意义，需要按各步骤半成品作为成本计算对象来计算其成本。如果我们把各步骤半成品视作产成品，其生产费用的归集和分配与按产品为成本计算对象的品种法是基本相同的。因此，成本计算的一般程序与前述品种法的成本计算程序也是基本相同的，所不同的仅是半成品成本的结转。在逐步结转分步法下，当我们把每一步骤的半成品视作产成品（如将生铁、钢锭、棉纱等半成品作为产成品直接对外销售时），或全部直接移交下一步骤加工或在入库后，一部分对外销售，一部分由下一步骤领用继续加工时，半成品成本随实物的转移而转移，我们看到的“逐步结转分步法”，实质上不过是品种法在各个步骤的连续应用而已。

在半成品从上一步骤移至下一步骤时，为了使半成品成本的结转与其实物的转移相适应，其结转程序亦有两种：先入库后领用方式和直接移交方式，如图9－1、图9－2所示。

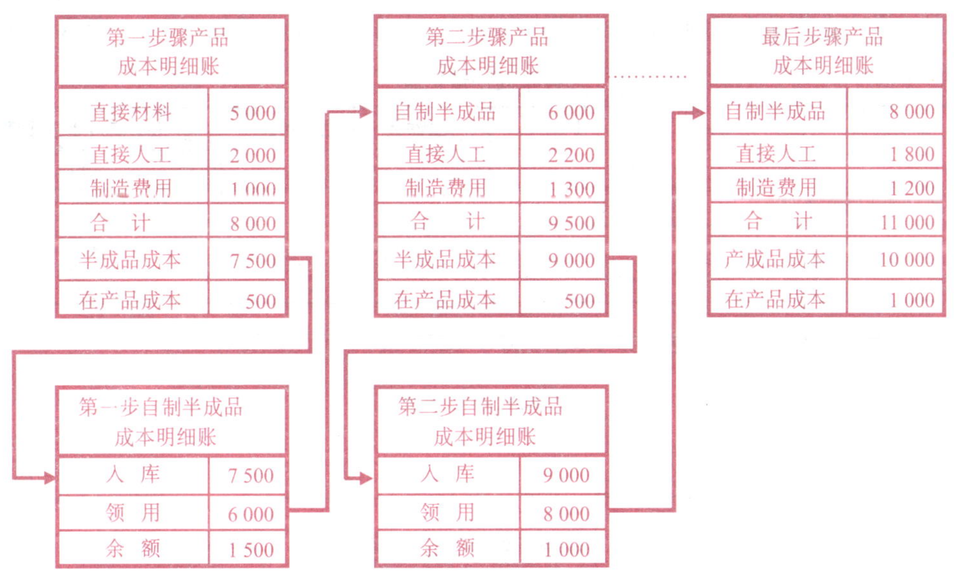

图 9－1 逐步结转分步法成本计算程序图（先入库后领用方式）

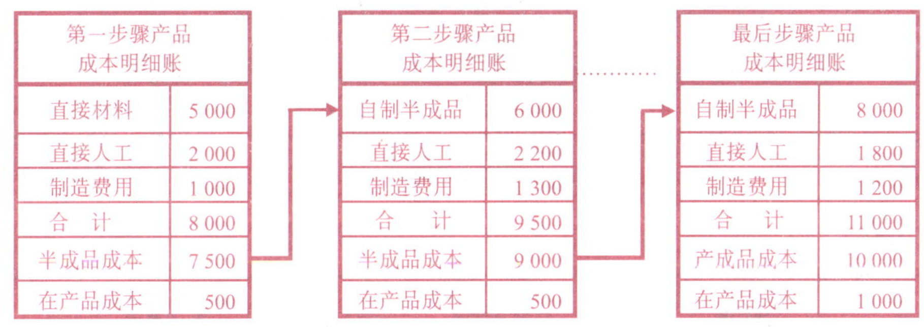

注：“……”表示第二步骤至最后步骤之间省略的步骤，如有则依次类推。

图 9－2 逐步结转分步法成本计算程序图（直接移交方式）

在采用逐步结转分步法时，按照半成品成本在下一步骤产品成本明细账中的反映方式不同，又可分为“综合结转方式分步法”和“分项结转方式分步法”两种具体方法。

三、综合结转方式分步法

（一）综合结转方式分步法的特点

综合结转方式分步法，就是下一步骤将耗用上一步骤的半成品成本，不分成本项目，综合地转入本步骤产品成本明细账中的“直接材料”项目或专设的“自制半成品”成本项目栏中，以后各个步骤依次类推。各步骤半成品成本的结转，可以按实际成本结转，也可以按计划成本结转。现举例说明实际成本下的综合结转方式的分步法。

【例 9－1】 某企业 A 产品生产分为三个步骤，分别由三个车间进行。第一车间生产甲半成品，第二车间在第一车间生产甲半成品的基础上生产加工为乙半成品，第三车间在第二车间生产乙半成品的基础上生产加工 A 产成品。各车间生产的半成品采用直接移交方式转至下一步骤。原材料在生产开始时一次投入，各步骤在产品的完工程度均为 50%，各步骤的生产费用在完工产品与月末在产品之间的分配采用约当产量法。各车间产量记录如表9-1所示。

表9-1　　各车间产量记录　　单位：件

车间名称	一车间（第一步骤）	二车间（第二步骤）	三车间（第三步骤）
月初在产品	60	50	40
本月投产或上步转来	540	520	500
本月完工	520	500	450
月末在产品	80	70	90

各车间费用资料如表9-2、表9-3、表9-4所示。

表9-2　　产品成本明细账

车间：一车间

产品：甲半成品　　单位：元

年		摘　要	直接材料	直接人工	制造费用	合　计
月	日					
	（略）	月初在产品成本	1 000	160	108	1 268
		本月发生费用	11 000	1 800	900	13 700
		本月生产费用累计	12 000	1 960	1 008	14 968
		转下车间甲半成品成本	-10 400	-1 820	-936	-13 156
		月末在产品成本	1 600	140	72	1 812

表9-3　　产品成本明细账

车间：二车间

产品：乙半成品　　单位：元

年		摘　要	自制半成品	直接人工	制造费用	合　计
月	日					
	（略）	月初在产品成本	1 664	140	149	1 953
		本月发生费用	13 156	2 428	1 884	17 468
		本月生产费用累计	14 820	2 568	2 033	19 421
		转下车间乙半成品成本	-13 000	-2 400	-1 900	-17 300
		月末在产品成本	1 820	168	133	2 121

表9-4　　产品成本明细账

车间：三车间

产品名称：A产品　　单位：元

年		摘　要	自制半成品	直接人工	制造费用	合　计
月	日					
	（略）	月初在产品成本	1 060	176	84	1 320
		本月发生费用	17 300	2 200	1 500	21 000
		本月生产费用累计	18 360	2 376	1 584	22 320
		转完工A产品成本	-15 300	-2 160	-1 440	-18 900
		月末在产品成本	3 060	216	144	3 420

第一车间本月生产费用分配计算如下：

$$直接材料项目分配率=\frac{12\ 000}{520+80}=20$$

转下车间甲半成品成本 =520×20=10 400（元）

月末在产品成本 =12 000−10 400=1 600（元）

$$直接人工项目分配率=\frac{1\ 960}{520+80\times 50\%}=3.5$$

转下车间甲半成品成本 =520×3.5=1 820（元）

月末在产品成本 =1 960−1 820=140（元）

$$制造费用项目分配率=\frac{1\ 008}{520+80\times 50\%}=1.8$$

转下车间甲半成品成本 =520×1.8=936（元）

月末在产品成本 =1 008−936=72（元）

第二车间本月生产费用分配计算如下：

$$自制半成品项目分配率=\frac{14\ 820}{500+70}=26$$

转下车间乙半成品成本 =500×26=13 000（元）

月末在产品成本 =14 820−13 000=1 820（元）

$$直接人工项目分配率=\frac{2\ 568}{500+70\times 50\%}=4.8$$

转下车间乙半成品成本 =500×4.8=2 400（元）

月末在产品成本 =2 568−2 400=168（元）

$$制造费用项目分配率=\frac{2\ 033}{500+70\times 50\%}=3.8$$

转下车间乙半成品成本 =500×3.8=1 900（元）

月末在产品成本 =2 033−1 900=133（元）

第三车间本月生产费用分配计算如下：

$$自制产成品项目分配率=\frac{18\ 360}{450+90}=34$$

转完工 A 产品成本 =450×34=15 300（元）

月末在产品成本 =18 360−15 300=3 060（元）

$$直接人工项目分配率=\frac{2\ 376}{450+90\times 50\%}=4.8$$

转完工 A 产品成本 =450×4.8=2 160（元）

月末在产品成本 =2 376−2 160=216（元）

$$制造费用项目分配率=\frac{1\ 584}{450+90\times 50\%}=3.2$$

转完工 A 产品成本 =450×3.2=1 440（元）

月末在产品成本 =1 584−1 440=144（元）

从上例可以看出，在综合结转方式分步法下，上一步骤的半成品成本随着实物的转移而转到下一步骤半成品成本明细账时，是将直接材料、直接人工以及制造费用综合地记入下一步骤产品成本明细账的“自制半成品”成本项目。这样，除了第一步的半成品成本可按照原始成本项目考核其成本结构外，其余各步骤的半成品成本中均包括了“自制半成品”这个含有综合费用的成本项目。

方法评价：这种方法的优点是简化了成本核算工作，但难以反映企业各项生产耗费的实际情况，不便于了解、考核产品成本结构和分析成本项目的升降情况。因此，当管理上要求提供按原始成本项目反映成本资料时，还必须进行成本还原。

（二）成本还原

成本还原，是指将产成品成本中以综合项目反映的自制半成品成本，采用一定的方法，逐步将其分解为以原始成本项目反映的成本。常用的成本还原方法有两种，一种是半成品实际结构比重还原法，另一种是半成品定额或计划成本结构比重还原法。无论采用何种方法，都是从最后步骤完工产品中的自制半成品成本逐步向上一步骤还原，直到将完工产品中的自制半成品成本全部还原为原始成本项目为止。由于这两种方法都是按成本项目结构比重还原的，故又统称为“项目比重还原法”。以下分别举例说明这两种成本还原方法。

1. 按半成品实际结构比重还原法

【例 9－2】 承例 9－1，将其各步骤半成品按半成品实际结构比重还原法进行还原。计算如下：

（1）将三车间 A 产品中“自制半成品”的成本（15 300 元），按二车间转出的乙半成品（17 300 元）的成本结构比重还原：

$$\text{自制半成品成本结构} = \frac{13\ 000}{17\ 300} \times 100\% = 75.15\%$$

$$\text{直接人工成本结构} = \frac{2\ 400}{17\ 300} \times 100\% = 13.87\%$$

$$\text{制造费用成本结构} = \frac{1\ 900}{17\ 300} \times 100\% = 10.98\%$$

还原后的自制半成品 $= 15\ 300 \times 75.15\% = 11\ 497.95$

还原后的直接人工 $= 15\ 300 \times 13.87\% = 2\ 122.11$

还原后的制造费用 $= 15\ 300 \times 10.98\% = 1\ 679.94$

（2）将三车间 A 产品中尚未还原的“自制半成品”成本（11 497.95 元），按一车间转出的甲半成品（13 156 元）的成本结构比重再进行还原：

$$\text{直接材料成本结构} = \frac{10\ 400}{13\ 156} \times 100\% = 79.05\%$$

$$\text{直接人工成本结构} = \frac{1\ 820}{13\ 156} \times 100\% = 13.83\%$$

$$\text{制造费用成本结构} = \frac{936}{13\ 156} \times 100\% = 7.12\%$$

还原后的直接材料 $= 11\ 497.95 \times 79.05\% = 9\ 089.13$

还原后的直接人工 $= 11\ 497.95 \times 13.83\% = 1\ 590.17$

还原后的制造费用 $= 11\ 497.95 \times 7.12\% = 818.65$

（3）将A产品按各车间（步骤）成本结构还原后的成本按原始成本项目分别加总，即可得到按原始成本项目反映的完工产品成本（见表9－5）。

表9－5　各步骤成本还原计算汇总表　单位：元

成本项目	直接材料	直接人工	制造费用	合　计
一车间	9 089.13	1 590.17	818.65	11 497.95
二车间		2 122.11	1 679.94	3 802.05
三车间		2 160.00	1 440.00	3 600.00
合计	9 089.13	5 872.28	3 938.59	18 900.00

为简化各步骤成本还原的计算过程，企业可根据各步骤的成本还原资料编制成本还原计算表（9－6）。

表9－6　成本还原计算表

本月投产500件　未完工90件　本月完工450件

成本项目	三车间	二车间			一车间			还原后的完工产品成本	
	还原前的产成品成本	还原前的半成品成本	成本结构（%）	三车间自制半成品还原后的成本	还原前的半成品成本	成本结构（%）	二车间自制半成品还原后的成本	总成本	单位
直接材料					10 400	79.05	9 089.13	9 089.13	20.20
自制半成品	15 300	13 000	75.15	11 497.95					
直接人工	2 160	2 400	13.87	2 122.11	1 820	13.83	1 590.17	5 872.28	13.05
制造费用	1 440	1 900	10.98	1 679.94	936	7.12	818.65	3 938.59	8.75
合计	18 900	17 300	100	15 300	13 156	100	11 497.95	18 900	42.00

方法评价：在实际工作中，如果企业各月所产半成品成本结构变动较大，按半成品实际结构比重进行还原，其还原的结果往往不够准确。并且，如果产品生产步骤较多时，计算工作量也非常繁重。因此，在定额成本或计划成本资料比较齐全的企业，也可直接将各步骤半成品成本按其定额成本或计划成本的结构比重进行还原。

2. 按半成品定额成本结构比重还原法

【例9－3】　承例9－1，该企业定额成本的构成比重为：直接材料50%，直接人工30%，制造费用20%，在例9－1中最终完工产品成本18 900元。其中，自制半成品成本为15 300元，按照定额成本的构成比重进行分解还原后，其计算结果如表9－7所示。

表9－7　成本还原计算表　单位：元

成本项目	定额成本比重	还原金额	最后步骤加工成本	还原后完工产品成本
直接材料	50%	7 650		7 650
直接人工	30%	4 590	2 160	6 750
制造费用	20%	3 060	1 440	4 500
合　计	100%	15 300	3 600	18 900

通过成本还原得知，在最终完工产品总成本18 900元中，直接材料成本为7 650元，直接人工成本为6 750元，制造费用成本为4 500元。这种方法的优点是计算简便，但是在定

额成本资料不全的企业，宜采用第一种成本还原方法，即按照半成品的实际成本还原率进行成本还原。

方法评价：项目比重还原法的优点是计算结果比较准确，但工作量较大。因此，在实际工作中，为了简化计算手续，也可只对最后步骤产品的“自制半成品”成本项目，按照历史资料和技术测定方法等确定的定额成本构成的比重进行还原，然后再将与最后步骤产成品中的对应成本项目分别相加，即可求得按成本项目还原后的最终完工产品的成本及其结构，亦称半成品比重还原法。

四、分项结转方式分步法

分项结转方式分步法，是将各步骤所耗用的自制半成品，分别按照各成本项目从上一步骤转入下一步骤对应成本项目中，以便计算产品成本的一种结转方法。

【例9－4】 仍以例9－1资料为例，采用分项结转方式分步法进行成本计算（见表9－8至表9－10）。

表9－8 产品成本明细账

车间：一车间

产品名称：甲半成品

单位：元

年		摘 要	直接材料	直接人工	制造费用	合 计
月	日					
	（略）	月初在产品成本	1 000	160	108	1 268
		本月发生费用	11 000	1 800	900	13 700
		本月生产费用累计	12 000	1 960	1 008	14 968
		约当产量	600	560	560	—
		单位成本（分配率）	20	3.5	1.8	—
		转下车间甲半成品成本	－10 400	－1 820	－936	－13 156
		月末在产品成本	1 600	140	72	1 812

表9－9 产品成本明细账

车间：二车间

产品名称：乙半成品

单位：元

年		摘 要	直接材料	直接人工	制造费用	合 计
月	日					
	（略）	月初在产品成本	1 664	140	149	1 953
		上步转入半成品成本	10 400	1 820	936	13 156
		本月发生费用		2 428	1 884	4 312
		本月生产费用累计	12 064	2 568/1 820	2 033/936	19 421
		约当产量	570	535/570	535/570	—
		单位成本（分配率）	21.16	4.8/3.19	3.8/1.64	—
		转下车间乙半成品成本	－10 580	－3 995	－2 720	－17 295
		月末在产品成本	1 484	393	249	2 126

注：＊本表中转下车间的乙半成品成本17 295元与表9－3中综合结转的乙半成品成本17 300元相差5元是由于计算表中单位成本小数取舍的原因。

表 9-10 产品成本明细账

车间：三车间

产品名称：A 产品 单位：元

年		摘　要	直接材料	直接人工	制造费用	合　计
月	日					
	（略）	月初在产品成本	1 060	176	84	1 320
		上步转入半成品成本	10 580	3 995	2 720	17 295
		本月发生费用		2 200	1 500	3 700
		本月生产费用累计	11 640	2 376/3 995	1 584/2 720	22 315
		约当产量	540	495/540	495/540	—
		单位成本（分配率）	21.56	4.8/7.4	3.2/5.04	—
		转完工 A 产品成本	-9 702	-5 490	-3 708	-18 900
		月末在产品成本	1 938	881	596	3 415

在分项结转方式分步法下，由于下一车间（或下一步骤）的产品加工是在上一车间转来的半成品基础上进行的，因此无论该步骤的产品是否完工，单位产品（包括在产品）中所包含的上一步骤转来的成本费用是相同的。所以，对于上一车间（或上一步骤）转来的各成本项目费用，应由本车间（本步骤）所有产品平均负担，而不需要将本车间（本步骤）的在产品按其完工程度折合为约当产量参与分配。所以，分配时应将上一步骤转入半成品成本在合计时分别汇总计算。为简化起见，也可不分别计算分配率。

方法评价：采用这种方法可以直接了解各步骤半成品和完工产品的成本构成情况，不需要进行成本还原。但当加工步骤较多时计算工作量较大，尤其是当半成品先入库后领用时，“自制半成品”明细账也需按成本项目反映，采用加权平均法计算发出半成品时，还需要将各批入库的半成品分成本项目加权平均，从而更增加了计算工作量。此外，下一步骤产品成本只有在上一步骤产品成本转入后，才能计算本步骤产品成本。若某一步骤产品成本计算不及时，就会影响整个企业的成本计算工作。因此，企业在实际工作中很少采用分项结转方式分步法。

第三节　平行结转分步法

一、平行结转分步法的特点

平行结转分步法，是指不计算各步骤的半成品成本，而只计算本步骤发生的生产费用和应由最终完工产成品负担的份额，月末将各步骤产品成本明细账中应由产成品负担的份额平行汇总起来计算产品成本的一种方法。

平行结转分步法，亦称“不计算半成品成本法”。这种方法主要适用于装配式多步骤大量大批生产的企业，同时也适用于连续式多步骤生产中，各步骤半成品没有独立的经济意义或不作为商品产品出售（如砖瓦厂的砖坯、造纸厂的纸浆）的企业。

采用平行结转分步法，虽然仍按产品品种及其所经过的生产步骤作为成本计算对象开设产品成本明细账，但由于各步骤半成品在移交下一步骤继续加工时，其半成品成本仍保留在本步骤而不随实物转移。因此，各步骤均只独立核算本步骤直接发生的生产费用，并定期在月末将本步骤发生的生产费用在本步骤完工半成品和在产品（狭义在产品）之间进行分配，以便计算出本步骤半成品的总成本和单位成本，再以单位成本乘以最终完工产品数量，即可求出应平行结转记入最终产品成本的份额。

但是，由于本步骤完工的半成品不一定都为最终完工产品所耗用，所以本步骤虽已完工而未被最后步骤完工产品耗用的半成品，对最终完工产品而言仍属于在产品。因此，在平行结转分步法下，各步骤尚在加工中的在产品和未被最终产品耗用的已完工半成品均属于广义在产品。无论是加工中的在产品成本或已完工但尚未被最终产品耗用的在产品成本，均保留在各步骤半成品成本明细账之中。

二、平行结转分步法的计算程序

平行结转分步法
工作流程

平行结转分步法的成本计算程序一般分为以下三步：

第一步，按照前述品种法成本计算的程序，根据各种费用分配表和记账凭证登记各步骤产品成本明细账。

第二步，将各步骤产品成本明细账所归集的生产费用，在本步骤完工半成品与在产品之间采用适当方法进行分配，并计算出完工半成品的总成本和单位成本。

第三步，将最终完工产品的数量乘以各步骤计算出的单位成本求得各步骤应转入最终完工产品的“份额”，并平行结转入最终完工产品成本；加以汇总求得最终产品的总成本和单位成本。其计算程序如图 9－3 所示。

第一步骤产品成本明细账	
直接材料	5 000
直接人工	3 000
制造费用	2 000
合　计	10 000
结转产成品成本份额	8 000
在产品成本	2 000

第二步骤产品成本明细账	
直接材料	5 000
直接人工	4 000
制造费用	2 200
合　计	11 200
结转产成品成本份额	5 500
在产品成本	5 700

最后步骤产品成本明细账	
直接材料	5 000
直接人工	4 500
制造费用	1 500
合　计	11 000
结转产成品成本份额	5 000
在产品成本	6 000

第一步转入份额	第二步转入份额	第三步转入份额	产成品总成本
8 000	5 500	5 000	18 500
甲产品成本汇总表			

图 9－3　平行结转分步法成本计算程序

三、平行结转分步法举例

【例9－5】 某厂生产甲产品，分三个步骤完成，原材料在第一步骤生产开始时已全部投入；各步骤月末在产品完工程度均为50%。由于半成品不出售，管理上也不需要计算半成品成本，故采用平行结转分步法计算甲产品成本。各车间产量记录及结转情况如表9－11所示。

表9－11　　　各车间产量记录　　　单位：件

车间名称	一车间（一步骤）	二车间（二步骤）	三车间（三步骤）
月初在产品	30	40	30
本月投产或上步转来	180	190	200
本月完工	190	200	210
月末在产品	20	30	20

这里需要特别指出的是在平行结转分步法下约当产量的折算问题。因为平行结转分步法各步骤的费用是不随实物的转移而结转，所以在计算各步骤产品的约当产量时，应从广义在产品的角度来考虑，其计算公式为：

$$\text{某步骤产品约当产量}=\text{最终完工产品产量}+\text{本步骤之后各步骤的月末在产品数量}+\text{本步骤月末在产品数量}\times\text{完工程度}$$

$$\text{某项生产费用单位成本（分配率）}=\frac{\text{某步骤某成本项目费用合计}}{\text{该步骤产品约当产量}}$$

（1）一车间产品成本明细账（见表9－12）。

表9－12　　　产品成本明细账

生产步骤：一车间　　　产品名称：甲产品　　　单位：元

年		凭证号数	摘　要	直接材料	直接人工	制造费用	合　计
月	日						
		（略）	月初在产品成本	8 000	960	720	9 680
			本月发生费用	14 400	3 360	2 520	20 280
			本月生产费用累计	22 400	4 320	3 240	29 960
			约当产量	280	270	270	—
			单位成本（分配率）	80	16	12	
			最终完工产品数量	210	210	210	210
			应结转完工产品份额	－16 800	－3 360	－2 520	－22 680
			月末在产品成本	5 600	960	720	7 280

解： 直接材料约当产量＝210＋（20＋30）＋20＝280（件）

直接人工、制造费用约当产量＝210＋（20＋30）＋20×50%＝270（件）

直接材料单位成本＝$\frac{22\ 400}{280}$＝80（元）

应转入产成品的材料费用份额＝210×80＝16 800（元）

直接人工单位成本 $=\frac{4\ 320}{270}=16$（元）

应转入产成品的人工费用份额 $=210\times16=3\ 360$（元）

制造费用单位成本 $=\frac{3\ 240}{270}=12$（元）

应转入产成品的制造费用份额 $=210\times12=2\ 520$（元）

（2）二车间产品成本明细账（见表 9－13）。

表 9－13 **产品成本明细账**

生产步骤：二车间　　产品名称：甲产品　　单位：元

年		凭证号数	摘　要	直接材料	直接人工	制造费用	合　计
月	日						
		（略）	月初在产品成本		640	480	1 120
			本月发生费用		4 260	2 460	6 720
			本月生产费用累计		4 900	2 940	7 840
			约当产量		245	245	—
			单位成本（分配率）		20	12	—
			最终完工产品数量		210	210	210
			应结转完工产品份额		－4 200	－2 520	－6 720
			月末在产品成本		700	420	1 120

解：直接人工、制造费用约当产量 $=210+20+30\times50\%=245$（件）

直接人工单位成本 $=\frac{4\ 900}{245}=20$（元）

应转入产成品的人工费用份额 $=210\times20=4\ 200$（元）

制造费用单位成本 $=\frac{2\ 940}{245}=12$（元）

应转入产成品的制造费用份额 $=210\times12=2\ 520$（元）

（3）三车间产品成本明细账（见表 9－14）。

表 9－14 **产品成本明细账**

生产步骤：三车间　　产品名称：甲产品　　单位：元

年		凭证号数	摘　要	直接材料	直接人工	制造费用	合　计
月	日						
		（略）	月初在产品成本		1 200	960	2 160
			本月发生费用		5 400	4 320	9 720
			本月生产费用累计		6 600	5 280	11 880
			约当产量		220	220	—
			单位成本（分配率）		30	24	—
			最终完工产品数量		210	210	210
			应结转完工产品份额		－6 300	－5 040	－11 340
			月末在产品成本		300	240	540

解： 直接人工、制造费用约当产量 $=210+20\times50\%=220$（件）

直接人工单位成本 $=\frac{6\ 600}{220}=30$（元）

应转入产成品的人工费用份额 $=210\times30=6\ 300$（元）

制造费用单位成本 $=\frac{5\ 280}{220}=24$（元）

应转入产成品的制造费用份额 $=210\times24=5\ 040$（元）

根据三个车间产品成本明细账所记产成品成本的份额，平行汇总产品成本汇总表如表 9－15 所示。

表 9－15 **产品成本汇总表**

产品名称：甲产品 单位：元

成本项目	直接材料	直接人工	制造费用	合　计
第一步骤转入	16 800	3 360	2 520	22 680
第二步骤转入		4 200	2 520	6 720
第三步骤转入		6 300	5 040	11 340
制造成本合计	16 800	13 860	10 080	40 740
单位成本	80	66	48	194

方法评价： 通过以上举例可以看出，在平行结转分步法下，各步骤可以同时计算产品成本，不必逐步结转半成品成本；能够直接反映出产成品各成本项目的构成情况，不需要进行成本还原。但是，这种方法不能提供各个步骤所产半成品的成本资料，对有半成品外售的企业不宜采用。

逐步结转分布法与
平行结转分布法比较

第十章 产品成本计算的辅助方法

【学习目的和要求】

- 理解产品成本计算分类法和定额法的涵义、特点及其适用范围
- 掌握分类法产品成本的计算程序和方法
- 了解定额法成本计算的基本原理
- 了解联产品和副产品的成本计算方法

导入案例

随着人们生活水平的提高，服装更趋向时尚化、个性化、多样化，仅以纽扣为例，一颗小小的纽扣早已不仅是充当一个服装的配件，而是跃升为服装上的一个重要“饰品”。在一年一度的服装展销会上，王蓉企业的一款名为“蓉妆”的时装上面竟然钉了几十颗纽扣，大小不一、色彩各异、晶莹别致的纽扣，令这款时装获得了非同寻常的销路。近年来，国内许多纽扣生产企业也因纽扣需求激增业务开始蒸蒸日上。

浙江伟星实业发展股份有限公司是中国辅料行业的龙头企业，专业从事钮扣、拉链、金属制品等服装辅料的研发、制造和销售，年产各类中高档钮扣 60 多亿粒，拉链 1 亿米，是世界上最大的钮扣生产企业之一，中国钮扣和拉链行业目前唯一的一家上市公司。企业率先在中国服装辅料行业通过 ISO9001/ISO14001 的双认证，并且获得 OKEO - TEX 100 环保认证。

案例解析

品种法是制造企业成本核算最基本的方法，但在具体应用时，需要根据企业的生产实际情况，选择是否需要与成本计算辅助方法结合使用。如纽扣、拉链的生产，由于其品种繁多，规格庞杂，如果直接采用品种法计算每一种产品的成本，势必造成巨大的核算工作量。为了简化核算工作，此类生产企业通常采用品种法与分类法相结合的方式计算成本。即先采用分类法计算每类产品的成本，再采用品种法计算类内每种产品的成本。

第一节 产品成本计算的分类法

一、分类法概述

（一）分类法的含义

分类法，是指按照企业产品的类别归集生产费用，计算出各类产品成本后，再按照一定的方法，将归集的生产费用在同类产品中分配，计算出类内各种产品成本的一种成本计算方法。

采用分类法计算成本时，需要先将产品分为若干类别，才能分别计算出各类产品成本。分类法是品种法在多品种生产企业中的具体应用。在成本计算过程中，一般需要将同类产品之间的分配比例折合为分配系数，并按照系数进行分配，故分类法又称为“系数法”。

（二）分类法的适用范围

分类法主要适用于产品品种、规格繁多，其产品亦可以按照一定的标准划分为若干类别的生产。如服装厂可将产品分为男装、女装和童装三大类，在男装中又可根据不同的规格分为若干品种，比如休闲装、西装、运动装等；再如制鞋厂、工具厂、针织厂、灯泡厂、电子元件厂等均属这种类型的生产企业。这些企业如果按每个品种规格开设产品成本明细账，计算产品成本的工作量将十分繁重，采用分类法则可简化这类企业的成本核算工作。

应当指出的是，分类法不是一种独立的成本计算方法，它必须与前面所讲述的三种基本成本计算方法结合应用。比如，分类法与品种法结合时，即把“某一类”产品视为“某一种”产品；当其与分批法结合时，即把“某一类”产品视为“某一批”产品（如制箱厂在一批产品中就有大小不同尺寸的箱子）；当其与分步法结合时，即把“某一类”产品视为“某一步骤”产品（如石油化工企业往往在同一生产步骤中生产不同规格、等级的产品）等等。

（三）分类法的成本计算程序

分类法成本计算流程图

首先，按产品的结构或所耗用的主要原料，或产品生产工艺过程等标准，将其分为若干类，以每类产品作为一个成本计算对象，并按每类产品设置产品成本明细账。

其次，根据产品生产的特点、生产组织方式和成本管理的要求，选用品种法、分步法或分批法等基本成本计算方法，按规定的成本项目归集生产费用，计算出各类产品的总成本。

最后，采用一定比例或分配标准计算出每一种产品的总成本和单位成本。

（四）分类法的特点

分类法计算成本的主要特点是正确划分产品的类别和在类内产品之间选择合理的分配标准，这也是分类法计算成本的关键。

1. 产品类别的划分

产品类别的划分应以产品的性质、结构、用途和所耗原材料，以及生产工艺过程大体相同的产品划为一类，以便按合理的类别归集生产费用。

2. 类内产品之间分配标准的选择

类内产品之间分配标准的选择，既要保证费用分配结果的正确性和合理性，又要使分配工作简便易行。一般可以选择产品的材料消耗定额、工时定额、工资定额、费用定额、定额成本、售价、产品的长度、重量、体积等标准作为计算系数的依据。在保证产品成本计算正确的前提下，尽可能选择与产品成本有着密切联系，又简便易行的标准。为简化核算，可将分配标准折合为固定的系数进行分配。

3. 标准产品的选择

采用分类法计算各类产品成本时，可以在每类产品中选择一种产品作为标准产品。标准产品应具有生产稳定、产量较大、规格适中等特点。计算时，将标准产品的单位系数定为“1”，与其他规格的单位产品比较，计算出各种规格产品的单位系数。单位系数确定后，将各种产品实际产量按单位系数折算为标准产量或总系数，再按标准产量或总系数计算出分配率，进而计算出该类各种产品的总成本和单位成本。

4. 成本计算期和在产品成本计算

成本计算期和生产费用是否需要在完工产品与在产品之间进行分配要依其所结合采用的基本方法而定。

二、分类法举例

分类法按照计算类内每种产品成本方法的不同，可以分为系数法和定额比例法两种。

（一）分类法举例——系数法

【例 10－1】 某企业大量生产 A、B 两类产品，因各类产品的规格较多，所以，成本计算采用分类法。每一类产品的月末在产品按所耗原材料定额成本计算（只计算直接材料项目）。对于各类产品中不同规格产品成本的计算，按计划单位成本作为分配标准。A 类产品以 A_2作为标准产品，B 类产品以 B_1作为标准产品，它们的系数确定为 1。产品类别、型号、产量和计划单位成本资料如表 10－1 所示。

按产品大类开设产品成本明细账，首先按照成本计算的基本方法计算出各大类产品成本，然后再按照系数法计算类内各种型号的产品成本，大类产品成本费用资料如表 10－2、表 10－3 所示。

表 10－1　　各类产品型号、产量和计划单位成本资料

产品类别	型号	产量（件）	计划单位成本（元）
A 类	A_1	1 400	15.4
	A_2	2 000	14
	A_3	800	12.6
	A_4	1 000	16.8
B 类	B_1	1 600	15
	B_2	1 200	18
	B_3	1 000	16.5
	B_4	1 400	21

表 10－2　　产品成本明细账

产品类别：A 类　　单位：元

××年		摘　要	直接材料	直接人工	制造费用	合　计
月	日					
	（略）	月初在产品成本（定额成本）	1 400	—	—	1 400
		本月发生费用	65 000	12 000	6 500	83 500
		合　计	66 400	12 000	6 500	84 900
		结转完工产品成本	63 400	12 000	6 500	81 900
		月末在产品成本（定额成本）	3 000	—	—	3 000

表 10－3　　产品成本明细账

产品类别：B 类　　单位：元

××年		摘　要	直接材料	直接人工	制造费用	合　计
月	日					
	（略）	月初在产品成本（定额成本）	3 844	—	—	3 844
		本月发生费用	94 000	13 200	7 500	114 700
		合　计	97 844	13 200	7 500	118 544
		结转完工产品成本	89 344	13 200	7 500	110 044
		月末在产品成本（定额成本）	8 500	—	—	8 500

各类产品系数折算如表 10－4、表 10－5 所示。

表 10－4　　A 类产品系数折算表

产品型号	产品产量（件）	计划单位成本（元）	单位系数	总系数
A_1	1 400	15.4	1.1	1 540
A_2	2 000	14	1	2 000
A_3	800	12.6	0.9	720
A_4	1 000	16.8	1.2	1 200
合　计	—	—	—	5 460

表 10－5　B 类产品系数折算表

产品型号	产品产量（件）	计划单位成本（元）	单位系数	总系数
B_1	1 600	15	1	1 600
B_2	1 200	18	1.2	1 440
B_3	1 000	16.5	1.1	1 100
B_4	1 400	21	1.4	1 960
合　计	—	—	—	6 100

$$单位系数=\frac{其他型号产品的计划单位成本}{标准产品的计划单位成本}$$

根据折算的系数计算类内各种型号产品的成本如表 10－6、表 10－7 所示。

表 10－6　A 类各型号产品成本计算表　单位：元

产品型号	总系数	分配率	产品总成本	单位成本
A_1	1 540		23 100	16.5
A_2	2 000		30 000	15
A_3	720		10 800	13.5
A_4	1 200		18 000	18
合　计	5 460	15	81 900	—

表 10－7　B 类各型号产品成本计算单　单位：元

产品型号	总系数	分配率	产品总成本	单位成本
B_1	1 600		28 864	18.04
B_2	1 440		25 977.6	21.65
B_3	1 100		19 844	19.84
B_4	1 960		35 358.4	25.26
合　计	6 100	18.04	110 044	—

解： A 类各型号产品成本分配率 $=\frac{81\ 900}{5\ 460}=15$

B 类各型号产品成本分配率 $=\frac{110\ 044}{6\ 100}=18.04$

从上例可以看出，分类法实质上进行了两次成本计算。第一次是根据基本成本计算方法先计算出各大类产品成本；第二次是根据折算的系数（标准产量）对各大类产品成本进行分解，计算出类内每一型号（规格）产品的成本。

（二）分类法举例——定额比例法

定额比例法是在以产品类别为成本计算对象，分类归集实际发生的各项生产费用，计算出各类月初在产品成本与本月生产费用合计的基础上，按照事先确定的定额比例在类内完工产品与在产品之间，以及类内各种完工产品之间进行分配，以计算出类内各种产品的总成本和单位成本。这种方法简便易行，但需具有比较齐全、准确的消耗定额，否则会影响成本计算结果的准确性。

定额比例法的计算程序如下：

首先，计算每类产品的定额成本（或定额消耗量、下同）总额。计算公式如下：

本月定额成本总额＝月初在产品定额成本＋本月投产产品定额成本

或＝本月完工产品定额成本＋月末在产品定额成本

其次，按各成本项目分别计算费用分配率。计算公式如下：

$$直接材料分配率=\frac{某类产品直接材料实际总成本}{某类产品直接材料定额总成本}$$

$$直接人工或制造费用分配率=\frac{某类产品直接人工（制造费用）实际总成本}{某类产品的定额工时总数}$$

最后，将类内各种产品按成本项目计算的定额成本或定额耗用量乘以上述分配率即可算出各种产品完工产品的总成本和单位成本。

某种产品直接材料费用＝直接材料分配率×直接材料定额成本（或定额耗用量）

某种产品直接人工费用＝直接人工分配率×直接人工定额成本（或定额工时）

某种产品制造费用＝直接制造费用分配率×直接制造费用定额成本（或定额工时）

【例 10－2】 某企业生产 C 类产品包括 C_1、C_2、C_3 和 C_4 四种规格，产量和定额资料如表 10－8 所示。

表 10－8　　C 类产品产量和定额资料

产品规格	产品产量（件）	材料单位消耗定额（千克）	工时单位消耗定额（小时）
C_1	500	20	12
C_2	400	24	10
C_3	300	16	8
C_4	250	32	6

根据以上资料编制产品产量定额计算表，如表 10－9 所示。

表 10－9　　产品产量定额计算表

产品类别：C 类

产品规格	数量	直接材料定额成本		定额工时	
		单位定额成本	定额成本	单位工时定额	定额工时
C_1	500	20	10 000	12	6 000
C_2	400	24	9 600	10	4 000
C_3	300	16	4 800	8	2 400
C_4	250	32	8 000	6	1 500
小　计	—	92	32 400	—	13 900

根据 C 类完工产品成本（见表 10－10）进一步计算类内各种规格的产品总成本和单位成本，见表 10－11 所示。

表 10－10　　　　产品成本明细账

产品类别：C 类

年		摘　要	直接材料	直接人工	制造费用	合　计
月	日					
	（略）	月初在产品成本	7 846	2 670	1 200	11 716
		本月发生费用	30 920	8 505	4 760	44 185
		合　计	38 766	11 175	5 960	55 901
		结转 C 类产品总成本	34 020	10 425	5 560	50 005
		月末在产品成本	4 746	750	400	5 896

表 10－11 中：直接材料分配率 $=\dfrac{34\ 020}{32\ 400}=1.05$

直接人工分配率 $=\dfrac{10\ 425}{13\ 900}=0.75$

表 10－11　　　　C 类各种规格产品成本计算表　　　　单位：元

产品规格	数量	直接材料			定额工时	直接人工		制造费用		总成本	单位成本
		定额成本	分配率	实际成本		分配率	实际成本	分配率	实际成本		
C_1	500	10 000		10 500	6 000		4 500		2 400	17 400	34.80
C_2	400	9 600		10 080	4 000		3 000		1 600	14 680	36.70
C_3	300	4 800		5 040	2 400		1 800		960	7 800	26.00
C_4	250	8 000		8 400	1 500		1 125		600	10 125	40.50
合计	—	32 400	1.05	34 020	13 900	0.75	10 425	0.4	5 560	50 005	—

解： 制造费用分配率 $=\dfrac{5\ 560}{13\ 900}=0.4$

思考： 分类法下还需要计算类内各种产品的在产品成本吗？

第二节　产品成本计算的定额法

一、定额法概述

（一）定额法的含义及适用范围

定额法，是以产品为对象，以定额成本为基础，再加、减脱离定额差异和定额变动差异，计算出产品实际成本的一种成本计算方法。

产品成本计算的定额法实质上是成本控制方法在成本计算方法中的体现。采用定额法计算成本，能及时了解企业实际发生的生产费用和产品实际成本与定额的差异，并通过差异产生原因的分析，找出成本管理的薄弱环节，以便及时采取措施加以改正。同时，由于定额法将产品成本的目标管理、计划管理、定额管理、核算工作和分析工作紧密地结合起来，弥补了采用品种法、分批法、分步法、分类法等方法下只能事后计算，不能在费用、成本发生的当时掌握和利用会计信息，及时控制和防止浪费和损失的发生，只能说明过去，不能预测和控制未来等缺陷，从而有效地发挥了成本核算对于加强定额管理、控制生产支出、节约费用、降低成本的作用。

定额法适用于产品品种不多，规格、型号、工艺加工过程比较稳定，定额管理制度比较健全，各项消耗定额比较准确、稳定，成本核算工作基础较好的企业。

定额法成本计算程序

（二）定额法的特点及成本计算程序

定额法不是一种独立的成本计算方法，进行成本计算时必须与前述品种法、分批法、分步法等成本计算基本方法结合运用。定额法与其他成本计算方法相比，其主要特点是：

（1）在日常的成本计算过程中，定额法主要核算生产费用实际发生额与定额成本之间的差异，而其他成本计算方法则是按实际发生额进行核算的。

（2）定额法计算的产品实际成本是由定额成本、脱离定额差异和定额变动差异这三个部分组成的，而其他成本计算方法一般是根据实际发生的生产费用来计算的。

所以，在定额法下产品的实际成本可用下列公式表示：

产品的实际成本＝定额成本＋脱离定额差异＋定额变动差异

根据上述计算公式，定额法成本计算程序分三步进行：

第一步，以产品的各项现行消耗定额为依据计算产品的定额成本。

第二步，根据实际产量核算产品的定额生产费用和实际生产费用之间的差异，即脱离定额的差异。

第三步，在完工产品定额成本的基础上，加、减脱离定额差异和定额变动差异，计算出完工产品的实际成本。

下面分别介绍定额法各步骤核算内容。

二、定额成本的核算

定额成本，是根据企业现行消耗定额和费用预算（计划）制定的目标成本。制定定额成本所使用的成本项目应与计算产品实际成本的成本项目相同，才能相互比较，并及时提示实际成本脱离定额的差异。按照制造成本法，应当制定直接材料、直接人工的消耗定额和制造费用的费用定额。

$$单位产品直接材料费用定额=\sum(某种材料消耗定额\times 该材料计划单价)$$

$$单位产品直接人工费用定额=产品工时消耗定额\times 生产工人工资计划单价$$

$$单位产品制造费用定额=产品工时消耗定额\times 制造费用的计划单价$$

上列生产工人工资计划单价，就是每小时计划工资额，亦称计划工资率；上列制造费用通常按生产工时比例分配计入产品成本，即每小时计划费用额，简称计划费用率。

上述各项费用额的合计数，就是单位产品的定额成本，单位产品的定额成本乘以实际产量即为总定额成本。定额成本计算表如表 10 - 12 所示。

表 10 - 12　　　　单位产品定额成本计算表

产品名称：A 产品　　　　××年 8 月

项　目	材料消耗定额（千克）	工时消耗定额（小时）	计划单价	金　额
直接材料				
其中：甲材料	20		8	160
乙材料	10		6	60
丙材料	15		5	75
直接人工		60	2	120
制造费用		50	1.5	75
单位定额成本				490

假定表 10 - 12 中的本月 A 产品实际完工 300 件，则定额总成本应为：490 × 300 = 147 000 元。

三、脱离定额差异的核算

在定额法下，由于产品实际成本是以定额成本为基础计算的，但实际成本往往与定额成本不相一致，两者所产生的差异就是“脱离定额差异”。实际成本可按下列公式计算：

实际成本 = 定额成本 ± 脱离定额差异

可见在定额法下，重点就是脱离定额差异的核算。脱离定额差异的核算包括材料脱离定额差异的核算、工资脱离定额差异的核算和制造费用脱离定额差异的核算。

（一）材料脱离定额差异的核算

直接材料脱离定额差异的计算一般采用限额法。

在产品成本构成中，直接材料费用一般占有较大的比重。这项费用属于直接计入费用，因而有必要在费用发生的当时，就按照产品计算定额成本和脱离定额差异，以加强控制。

直接材料脱离定额差异，是指生产过程中产品实际材料耗用量与其定额耗用量之间的差额与计划单价的乘积，其计算公式如下：

直接材料脱离定额差异 = ∑[（材料实际耗用量 - 材料定额耗用量）× 该材料计划单价]

采用限额法时，为了控制材料领用，必须实行限额领料制度——在限额范围内领料，根据“限额领料单”等定额凭证领发。

- 如果发生超出限额领用材料的情况，应填制专设的差异凭证“超额领料单”领取材料。在差异凭证中，应该填明差异的数量、金额以及发生差异的原因；
- 如果实际领用材料小于限额领料单上规定的材料数量，则限额领料单上月末有材料余额。在每批生产任务完成以后，还应根据车间余料编制退料手续（退料单）。在完成规定产品批量的情况下，限额领料单规定的材料限额量，就是该批产品的定额消耗量。退料单中的原材料数额和限额领料单中的原材料余额，都是原材料脱离定额的节约差异，反之则为超支差异。

在产品跨期完工、本期投产量和完工量不一致的情况下，为了准确计算材料耗用情况，除了采用限额法外，还应按期通过盘存的方法核算用料差异。即：

投产产品数量 = 完工产品数量 + 期末在产品盘存数量 - 期初在产品盘存数量

原材料定额消耗量 = 投产产品数量 × 原材料消耗定额

企业可根据上述限额领料单和超额领料单等项、退料凭证和车间余料的盘存数量，计算原材料实际消耗量，然后将原材料的实际消耗量与定额消耗量相比较，计算原材料脱离定额差异。

【例 10 - 3】 以表 10 - 12 中的资料为例，该企业 8 月份第一车间 A 产品生产中有关材料定额费用及脱离定额差异资料如表 10 - 13 所示。

表 10 - 13　　材料定额费用及脱离定额差异汇总表

材料名称	计量单位	计划单价	定额			实际		脱离定额差异		差异原因
			单位产品消耗定额	定额消耗量	金额	耗用量	金额	数量	金额	
甲材料	千克	8	20	6 000	48 000	5 000	40 000	-1 000	-8 000	略
乙材料	千克	6	10	3 000	18 000	3 500	19 500	500	1 500	略
丙材料	千克	5	15	4 500	22 500	3 600	21 800	-900	-700	略
合计					88 500		81 300		-7 200	

表 10 - 13 中：

脱离定额差异数量 = 实际耗用数量 - 定额耗用数量

脱离定额差异金额 = 脱离定额差异量 × 计划单价

或 = 实际费用 - 定额费用

工资脱离定额差异的核算，主要是通过核算实际生产工时与定额工时的差异来进行，用以考核工时消耗定额的执行情况，促使企业提高劳动生产率，降低单位产品的工资费用。

在计件工资制度下，可以按产品分别计算，因而可以比照材料脱离定额差异的计算方法，专设工资补付单等差异凭证，及时反映和控制生产工人工资脱离定额差异。工资差异凭证也应填明产生差异的原因，并依据一定的审批手续才能据以计发工资。

在计时工资制度下，需在月末实际工资确定以后，才能按照下列公式核算工资脱离定额差异：

$$单位小时定额工资 = \frac{某车间计划产量的定额工资总额}{该车间计划产量的定额生产工时总数}$$

$$单位小时实际工资 = \frac{某车间实际生产工人工资总额}{该车间实际生产工时总额}$$

某产品的定额生产工人工资 = 该产品实际产量的定额生产工时 × 单位小时定额工资

某产品的实际生产工人工资 = 该产品的实际生产工时 × 单位小时实际工资

某产品生产工资脱离定额差异 = 该产品实际工资 - 该产品定额工资

【例 10 - 4】 宇通公司生产 A 产品，实际产量 300 台，每台定额工时为 60 小时，共计

18 000 工时，定额生产工人工资总额为 36 000 元，实际产量与计划产量相等，实际耗用工时总数为 17 200 工时，本月实际发生生产工人工资总额为 36 120 元，计算该企业生产 A 产品的工资脱离定额差异。

解： 单位小时定额工资 $=\frac{36\ 000}{18\ 000}=2$（元）

单位小时实际工资 $=\frac{36\ 120}{17\ 200}=2.1$（元）

A 产品定额生产工资 $=18\ 000\times 2=36\ 000$（元）

A 产品实际生产工资 $=17\ 200\times 2.1=36\ 120$（元）

A 产品生产工资脱离定额差异 $=36\ 120-36\ 000=120$（元）

从上例可以看出，要降低产品成本中的直接人工成本，有两个途径：一是降低单位小时的生产工资；二是降低单位产品的生产工时。通常情况下生产工资是不能降低的，所以只能通过提高生产率，来降低生产工时，才能达到降低直接人工成本的目的。

（二）制造费用脱离定额差异的核算

制造费用包括企业的车间或分厂为组织和管理生产所发生的各项费用。采用定额法计算产品成本时，应当综合制定制造费用每小时计划费用额，简称计划费用率。制造费用应分别按企业的车间或分厂汇集，由于月末才能分配计入产品成本，因而不能在日常核算中按产品核算脱离定额差异。为了有效地控制制造费用的支出，应定期按部门、车间、班组编制费用计划，根据费用计划控制支出，及时反映和监督费用的脱离定额差异。在实行车间、班组经济核算（或责任成本核算）的企业，应尽可能将费用指标分解落实到责任单位或责任人，以便更有效地控制和节约费用支出。

各种产品的制造费用按定额工时和实际工时计算的脱离定额差异，与工资脱离定额差异的核算一样，在月末根据投入某种产品的定额工时和单位小时定额费用与分配计入该产品的实际费用进行比较后确定。

【例 10-5】 承例 10-4，生产 A 产品计划制造费用小时费用率为 1.5 元。本月实际发生 24 880 元，计算该企业生产 A 产品的制造费用脱离定额差异。

解： A 产品的定额制造费用 $=18\ 000\times 1.5=27\ 000$（元）

A 产品制造费用脱离定额差异 $=24\ 880-27\ 000=-2\ 120$（元）

四、材料成本差异的核算

在定额法下，如果材料的日常核算是按计划成本计价组织核算的，还必须考虑材料成本差异额的计算。因为材料的定额费用和材料的脱离定额差异都是按材料的计划成本计算出来的，所以，在月末计算产品的实际材料费用时，应当根据材料成本差异率计算出材料成本差异额，其计算公式如下：

$$\text{某产品应分配的材料成本差异额}=\left(\text{该产品材料定额费用}\pm\text{材料脱离定额差异}\right)\times\text{材料成本差异率}$$

【例 10-6】 承例 10-3，由于企业各种材料的成本差异率不同，应分别计算。假设甲材料成本差异率为 2%，乙材料成本差率为 1%，丙材料成本差异率为 -2%，计算该企业生产A产品应分配的材料成本差异额。

解：A产品应分配甲材料成本差异额＝(48 000－8 000)×2%＝800（元）

A产品应分配乙材料成本差异额＝(18 000＋1 500)×1%＝195（元）

A产品应分配丙材料成本差异额＝(22 500－700)×－2%＝－436（元）

合计 559（元）

因此，在定额法下，当没有定额变动的情况时，产品的实际成本可根据下列公式计算：

实际成本＝定额成本±脱离定额差异±材料成本差异

五、定额变动差异的核算

定额变动差异，是指因修订消耗定额或生产耗费的计划价格而产生的旧定额与新定额之间差异额。在现代企业中由于科学技术发展，各项消耗定额也随着不断降低，各项定额也应随之作相应的修订。新的消耗定额和定额成本一般是在月初时执行，月初修订定额时，应将已按旧定额计算的月初在产品定额成本调整为新的定额成本，并计算出月初在产品的定额变动差异。

【例10－7】 A产品8月初在产品20台，其中甲材料单位消耗定额为18.75千克，现调整为18千克；乙材料单位消耗定额为9.375千克，现调整为9千克；丙材料没有发生定额变动。其他资料见表10－12、表10－13。

解：A产品中甲材料定额变动差异＝(20×18×8)－(20×18.75×8)＝－120(元)

A产品中乙材料定额变动差异＝(20×9×5)－(20×9.375×5)＝－37.50(元)

根据上述计算结果，A产品8月初在产品中甲材料定额变动差异为降低120元，乙材料定额变动差异为降低37.50元。这些差异一方面将从月初（即上月末）按旧定额计算的在产品定额成本中扣除；另一方面将扣除出来的这部分差异额，作为定额变动差异单独计入本月产品成本。如果某产品新的消耗定额调高，则调高的差额一方面应加入月初（即上月末）按旧定额计算的在产品成本中；另一方面从本月产品成本中扣除。无论是调高或调低，都不影响月初和本月生产费用总额的增减变化，其目的是为了使月初在产品的定额成本和本月投入定额成本在新定额的基础上统一起来，有利于分析考核消耗定额的执行情况和产品成本的升降原因。

在定额法下，当定额成本发生变动时，产品的实际成本可根据下列公式计算：

实际成本＝定额成本±脱离定额差异±材料成本差异±定额变动差异

六、定额法举例

【例10－8】 根据前述资料，某企业8月份一车间生产的A产品，月初在产品20台，本月投产300台，本月完工300台，月末在产品20台，计算A产品的实际成本如表10－14所示。

表 10－14

产品成本明细账

车间：一车间　　产品名称：A 产品　　××年 8 月　　产量：300 台

成本项目	月初在产品成本		月初在产品定额变动		本月生产费用			生产费用累计				差异率	本月产成品成本					月末在产品成本	
	定额成本	脱离定额差异	定额成本调整	定额变动差异	定额成本	脱离定额差异	材料成本差异	定额成本	脱离定额差异	材料成本差异	定额变动差异	脱离定额差异率	定额成本	脱离定额差异	材料成本差异	定额变动差异	实际成本	定额成本	脱离定额差异
	①	②	③	④	⑤	⑥	⑦	⑧＝①＋③＋⑤	⑨＝②＋⑥	⑩＝⑦	⑪＝④	⑫＝⑨÷⑧	⑬＝⑤	⑭＝⑬×⑫	⑮＝⑩	⑯＝⑪	⑰＝⑬＋⑭＋⑮＋⑯	⑱＝⑧－⑬	⑲＝⑨－⑭
直接材料	5 796	－579	－157.50	157.5	87 000	－7 900	543	92 638.50	－8 479	543	157.5	－0.092	87 000	－8 004	543	157.5	79 696.50	5 638.50	475
直接人工	1 200	8			36 000	120		37 200.00	128			0.003	36 000	108			36 108	1 200.00	20
制造费用	900	－72			27 000	－2 120		27 900.00	－2 192			－0.079	27 000	－2 133			24 867	900.00	－59
成本合计	7 896	－643	－157.50	157.5	150 000	－9 900	543	157 738.50	－10 543	543	157.5	—	150 000	－10 029	543	157.5	140 671.50	7 738.50	－514

第三节 联产品和副产品的成本计算

一、联产品成本计算

（一）联产品的概念

联产品，是指在同一生产过程中，利用同一原材料进行加工而同时生产出两种及两种以上的主要产品。例如炼油厂，经过同一加工过程，从原油中同时提炼出汽油、煤油和柴油等各种联产品。

（二）联产品成本计算的特点

同一生产过程中生产出的各种联产品，有的从始至终在同一过程中进行生产，最后才分离出来；有的则是在同一生产过程中的某一步骤分离出来；有的不需要进一步加工，有的则需要进一步加工。但无论在全部加工过程完成后分离或是在某一步骤分离，在分离前是不可能按照联产品中的每种产品来归集生产费用计算产品成本的。因此，必须把它们作为一类产品来综合归集它们所发生的各种费用，并根据其生产特点，选择适当的成本计算方法计算出它们的总成本，一般称其为“联合成本”。然后再采用适当的分配标准，分解联合成本，从而计算出每一种联产品的总成本及单位成本。

联合成本的计算与前述品种法或分批法等计算相同。联产品成本计算的关键是如何将联合成本在各种联产品之间进行分配。

（三）联合成本的分配方法

联合成本分配方法示例

联合成本的分配方法很多，一般常用的有系数分配法、重量分配法和售价分配法等。

1. 系数分配法

系数分配法，是将各种联产品的实际产量按照事前确定的单位系数，计算出总系数（折合为标准产量），然后将联合成本的总系数作为分配标准，在各种联产品之间进行分配。该方法是联产品成本计算中普遍采用的一种方法。

【例 10－9】 某企业在同一加工过程中，利用同一材料生产出 A、B、C 三种主要产品。根据成本计算的基本方法已算出了联合总成本为 80 360 元，其中 A 产品 300 吨，产品系数确定为 0.8，B 产品 400 吨，产品系数确定为 1，C 产品 200 吨，产品系数确定为 0.9，各种产品应分摊联合成本如表 10－15 所示。

表 10－15 中：总系数＝实际产量×单位系数

$$分配率=\frac{产品联合总成本}{总系数}=\frac{80\ 360}{820}=98$$

表 10－15　　联产品成本计算表　　单位：元

产品名称	实际产量（吨）	单位系数	总系数	分配率	产品总成本	单位成本
A 产品	300	0.8	240		23 520	78.4
B 产品	400	1	400		39 200	98
C 产品	200	0.9	180		17 640	88.2
合　计			820	98	80 360	—

2. 重量分配法

这种方法一般适用于铸造企业或铸造车间中各种联产品的成本计算。它是将联合成本按照各种联产品的重量作为分配标准，分配计算各种产品成本的方法。

【例 10－10】 某企业铸造车间生产甲、乙、丙三种铸件，根据成本计算的基本方法已计算出联合总成本为 9 900 元，其中甲产品 20 吨，乙产品 15 吨，丙产品 10 吨。各种产品应分摊的联合成本如表 10－16 所示。

表 10－16　　联产品成本计算表　　单位：元

产品名称	产品产量（吨）	分配率	产品总成本	单位成本
甲产品	20		4 400	220
乙产品	15		3 300	220
丙产品	10		2 200	220
合　计	45	220	9 900	220

表 10－16 中：

$$\text{分配率}=\frac{\text{产品联合总成本}}{\text{各种产品重量之和}}=\frac{9\,900}{45}=220$$

3. 售价分配法

这种方法是按照售价高的联产品成本负担相应较高这一理论而形成的对联合成本进行分配的一种方法。在实际工作中，我们也不能绝对地认为售价高的产品、成本就一定高。只在当企业选择不出比售价更合适的分配标准的情况下，可以用售价作为来分配标准分摊联合成本。

【例 10－11】 某企业生产甲、乙、丙三种联产品。根据成本计算的基本方法已计算出联合总成本为 37 200 元。甲产品产量为 200 件，单位售价 80 元；乙产品产量为 300 件，单位售价 60 元；丙产品产量为 400 件，单位售价 70 元。各种产品应分摊的联合成本如表 10－17 所示。

表 10－17　　联产品成本计算表　　单位：元

产品名称	产品产量（件）	单位售价（元）	销售总额（元）	分配率	产品总成本	单位成本
甲产品	200	80	16 000		9 600	48
乙产品	300	60	18 000		10 800	36
丙产品	400	70	28 000		16 800	42
合　计			62 000	0.6	37 200	—

二、副产品成本计算

（一）什么是副产品

副产品，是指在同一生产过程中生产出主要产品的同时，附带生产出来的一些非主要产品。如炼钢生产中产生的炉渣，制皂生产中产生的甘油，炼油生产中产生的沥青、石油焦等。

副产品与联产品都是利用同一原材料在同一生产过程中生产出来的，它们之间的区别主要体现在两方面：其一是价值，联产品与其他联产品之间的价值一般相差不大，而副产品相对于主产品来说价值一般较小；其二是重要程度，联产品作为主要产品是企业生产的目的，而副产品则往往是企业为生产主要产品而附带生产出来的附属于主要产品的次要产品。

当然副产品和联产品也不是一成不变的，随着技术经济的发展，某些副产品的用途在逐渐扩大，潜在的经济价值被发掘，可能由副产品变成与主产品平行的联产品；反之，某些联产品由于过时而被淘汰，也可能由联产品变成其他联产品（主产品）的副产品。

（二）副产品成本计算的特点

由于副产品和主要产品是在同一生产过程中生产出来的，所发生的生产费用很难在它们之间划分。因此，一般将主、副产品作为一大类产品，采用分类法来归集生产费用计算出全部主、副产品的联合成本，然后将联合成本在各种主、副产品之间进行分配。但由于副产品价值较低，占全部产品成本的比重较小，为了简化核算工作，可以采用简便的计算方法，先确定出副产品的成本，然后从发生的联合成本中扣除副产品成本即可求得主要产品的成本。

（三）副产品的计价方法

由于副产品在分离后可以作为产成品直接对外销售，也可以进一步加工后再出售，所以副产品成本计算的主要工作是对副产品成本计价。副产品成本计价有两种方法：

1. 不需要进一步加工的副产品计价

对于不需要进一步加工即可出售的副产品，如果其价值较小，一般不予计价，也就是说可以不分担联合成本。如果其价值较大，可将其销售价格作为计价依据（分配标准），即根据“成本 = 收入 - 税金 - 费用 - 利润”基本原理确定副产品成本，然后将其从联合成本中扣除，再按各成本项目所占比重，分解为直接材料、直接人工和制造费用项目成本。

【例 10-12】 某企业在同一生产过程中，生产 A、B、C 三种主要产品的同时附带生产出 D 副产品。根据基本方法已算出了本期联合成本为 8 万元，其中，直接材料为 5 万元，直接人工为 2 万元，制造费用为 1 万元，D 副产品 600 千克，单位售价 3 元，单位税金 0.2 元，单位销售费用和利润 0.5 元，产品成本分摊情况如表 10-18 所示。

表 10-18　　主副产品分摊计算表　　单位：元

成本项目	直接材料	直接人工	制造费用	合　计
分摊前联合成本	50 000	20 000	10 000	80 000
各成本项目所占比重	62.50%	25%	12.50%	100%
D 副产品成本	862.5	345	172.5	1 380
A、B、C 主要产品成本	49 137.5	19 655	9 827.5	78 620

解：

D 副产品总成本 =（3 −0.2 −0.5）×600 =1 380（元）

其中：直接材料 =1 380 ×62.5% =862.50（元）

直接人工 =1 380 ×25% =345（元）

制造费用 =1 380 ×12.5% =172.50（元）

2. 需要进一步加工的副产品计价

（1）副产品只负担进一步加工的成本（即可归属成本）而不负担分离前的联合成本。这样必然会造成少计了副产品的成本，而多计了主要产品的成本，虽然计算简便，但对主副产品成本的正确性是有影响的。

（2）副产品既负担进一步加工的成本（即可归属成本）又负担分离前的联合成本。

仍以前 D 副产品为例，设分离的加工成本为每千克 1 元，600 千克共为 600 元。则

D 副产品加工后的成本 =1 380 +600 =1 980（元）

应由 D 副产品未经加工前的售价扣除税金和销售费用后负担的联合成本 1 380 元不变，因此，从联合成本中扣除的可归属成本及主要产品应负担的成本也不变。但是副产品成本计算方法主要是受到价格波动的影响，从而影响成本计算的准确性。

联产品与副产品的关系

第十一章
成本报表的编制与分析

【学习目的和要求】

- 了解成本报表的概念、种类和编制要求
- 掌握主要成本报表的结构和编制方法
- 掌握主要成本报表主要指标的分析方法

导入案例

王蓉公司的财务部最近新聘了两名会计。财务部经理想考察一下这两位刚毕业的会计专业大学生的实战能力，就把上个月的财务报表、税务报表、成本报表和相关资料交给他们，请他们做一下。第二天，这两个“新会计”苦着脸说，经理，对不起，我们只做了财务报表。经理不解地问，你们不是会计专业的吗？“新会计”们说，纳税申报表的编制没学过，成本会计是选修课，课时少，老师只讲了有哪几张表，没讲怎么编制成本报表。经理，您可以给我们讲讲吗？看到他们很认真的样子，经理便请老会计林姐给他们指导一下。毕竟是会计专业的学生，专业基础也比较扎实，没用几天他们就基本掌握了纳税申报表和成本报表的编制方法和报送要求。

案例解析

财务报表、税务报表、成本报表都是企业按月编制的报表，但其作用完全不同。财务报表主要有资产负债表、利润表和现金流量表，是根据会计账簿资料编制、向外报送的报表，报送对象如银行、税务、工商等部门，投资者、债权人以及其他与企业有关的财务报表使用者。税务报表主要是按各税种填报的纳税申报表，报送对象要是税务部门。财务报表和税务报表的共同之处是报表格式和内容、报送时间和对象均由国家财政、税务部门统一规定。

成本报表则完全不同，报表的内容、格式、时间都由企业自己决定。报送对象是企业的管理者。对于企业的管理者来讲，日常成本核算资料分别登记在各成本账簿中，要想在短时间内了解成本开支信息，只能通过成本报表。因为只有成本报表才是归集、汇总成本信息和数据的最佳载体。这样，企业管理者就可以通过对成本报表的阅读、分析，及时了解成本开支情况，揭示成本开支中存在的问题，寻求降低成本的途径，采取有效措施，达到控制成本的目的。

第一节　成本报表的作用和编制要求

一、成本报表的概念和作用

成本报表，是反映企业一定时期内各项生产费用支出的情况和产品成本水平及其构成、升降情况，用于考核、分析企业费用预算和成本计划执行结果的内部会计报表。

成本是综合反映企业生产、技术和经营、管理工作水平的一项重要质量指标。其一，企业管理者利用成本报表，可以分析和考核成本计划的执行情况，促使企业降低成本、节约费用，从而提高企业的经济效益。其二，成本还是一项重要的质量指标，通过对成本报表的分析，可以揭示企业在生产、技术和经营、管理方面取得的成绩和存在的问题，进一步提高企业生产、技术和经营、管理的水平。其三，成本报表提供的实际成本、费用资料，可以作为企业确定产品价格，进行成本费用和利润的预测，制定有关的生产经营决策的依据，为编制成本和利润等计划提供重要的数据。成本报表是会计报表体系中的重要组成部分，编制和分析成本报表，是成本会计工作的一项重要内容。

知识链接

成本报表与财务报表的主要区别

成本报表是用于企业内部管理的报表，不需对外报送。其报表格式自由，种类及指标更突出企业自身管理要求和特点，不受会计准则的约束，要求报送时间更为迅速、快捷。财务报表主要是为满足外部利益人的需要而编制的报表，报表的格式、种类、指标都必须符合会计准则的规定。

二、成本报表的内容和种类

成本报表是服务于企业内部经营管理目的的报表，不是对外报送或公布的报表。因此，成本报表的种类、项目、格式和编制方法，应由企业根据其生产经营过程的特点和企业管理的具体要求而定。成本报表的分类一般有以下几种：

（1）成本报表按反映的经济内容可分为反映成本情况的报表、反映费用情况的报表和其他成本报表。

反映成本情况的报表包括产品生产成本表和主要产品单位成本表，这类报表主要反映企业为生产一定种类和数量的产品所耗费的成本是否达到预期目标，通过分析，找出差距，以便进一步采取措施，寻求降低成本的有效途径。

反映费用情况的报表包括制造费用明细表和期间费用表（即管理费用明细表、销售费用明细表和财务费用明细表），这类报表主要反映企业在一定时期内费用的支出及其构成情况，了解费用支出是否合理及其变动趋势，从而促使企业内部各部门明确责任，控制费用支出，防止随意扩大费用开支范围。

其他成本报表是除了上述各种成本报表外，为了更详细、全面地提供有关成本费用信息而编制的成本报表。如生产情况表、主要材料成本表、人工成本报告、质量成本报告等。这类成本报表一般是根据企业的生产工艺和生产组织特点、成本会计制度及管理要求，自行设计编制的成本报表，这些报表体现了灵活性、多样性和及时性等特点。

（2）成本报表按编制的范围可以分为反映全厂成本情况的报表、反映生产车间成本情况的报表、反映班组、责任岗位成本情况的报表。

（3）成本报表按编制的时间可以分为定期编制的成本报表和不定期编制的成本报表。根据企业管理要求，成本报表一般可以按周、旬、月、季、年定期编制。但是，为了满足临时的、特殊的成本管理工作需要，也可随时编制成本报表。

本章主要讲述几种主要的成本报表，如产品生产成本表、主要产品单位成本表和制造费用明细表。

三、编制成本报表的基本要求

企业在编制成本报表时，应做到数字真实、计算正确、内容完整、报送及时，从而为加强成本管理提供真实、准确的信息资料。

1. 数字真实

企业应在编制成本报表之前，必须将所有经济业务全部登记入账，做到账实相符，报表所提供的各项指标的数字必须真实可靠，严禁弄虚作假，不得人为改动报表中的数字，使企业所编制的成本报表能公正、客观地反映企业的费用、成本水平。

2. 计算正确

计算正确是指在编制成本报表的过程中，各项指标的数据计算应准确无误，不得出现计算、书写错误。否则，就不能客观、真实地反映企业在一定时期内的生产费用和产品成本水平，不能充分发挥成本报表的作用。没有准确性也就不能达到客观性的要求。

3. 内容完整

内容完整即要求对影响企业的全部经济活动作出正确的反映，企业编制的成本报表的种类必须齐全，报表内的指标、项目、报表附注资料必须填列完整，不得少编漏填，任意取舍。

4. 报送及时

报送及时是指及时进行会计信息资料的传递、反馈。成本报表资料的有用性不仅仅体现在真实、准确及全面性上，同时也体现在及时性上。为了保证成本报表编报的及时性，企业财会部门应做好编制报表前的一系列准备工作，企业内部各部门应密切协调、配合。由于成本报表是对已经发生的生产费用及产品成本资料所作的总结，因此，如果企业财会部门不能及时地编制成本报表，企业管理者就无法据以作出正确的判断、决策、评价和比较，那么即便是真实、全面的报表资料也会因此而丧失其应有的作用。

此外，在保证成本报表资料客观真实、准确、完整和及时的前提下，还应充分发挥编制成本报表的作用。如在财务状况说明书中，应分析说明生产费用及产品成本的升降情况、原因，及应采取的对策、措施。在分析说明时，应抓住主要问题，要有数字、有情况、有分析、有建议、有措施，不能模棱两可，含糊不清。

第二节　产品生产成本表的编制和分析

一、产品生产成本表概述

产品生产成本表，是反映企业在报告期内生产的全部产品生产总成本和各种主要产品单位成本及总成本的报表。利用产品生产成本表，可以揭示企业为生产一定数量的产品所付出的成本是否达到了预期的要求，可以考核和分析企业产品成本计划以及可比产品成本降低计划的执行情况，对企业的成本管理工作进行一般评价。产品生产成本表是反映企业全部产品成本的报表，也是成本报表中最主要的报表。

二、产品生产成本表的编制方法

（一）产品生产成本表的结构和内容

产品生产成本表分为正表和补充资料两部分，本表格式如表 11 - 1 所示，正表“产品名称”栏首先区分为可比产品与不可比产品两部分。**可比产品是指上一年正式生产过，有上年较完备成本资料的产品。**由于可比产品需要同上年度实际成本进行比较，因此表中不仅要反映本期的计划成本和实际成本，还要反映按上年实际平均单位成本计算的总成本。**不可比产品是指上一年度没有正式生产过，没有上年成本资料的产品。**对于不可比产品，由于没有上年的实际单位成本资料，所以只反映计划成本和实际成本。最后将两部分加总，求得全部产品生产的工厂成本。正表纵栏，用以分别反映各种产品的实际产量、单位成本、本月总成本和本年累计总成本，以及分别按上年实际、本年计划和本月实际单位成本计算的实际产量总成本，以便将本年实际与上年实际和本年计划进行比较，正确评价企业成本工作的业绩。补充资料则是按年填报可比产品成本降低额、降低率、产值成本率的累计实际数与计划数，以及按现行价格计算的产品产值等。

（二）产品生产成本表的编制

产品生产成本表各有关项目的内容和填列方法如下：

(1) “产品名称”栏应分别按“可比产品”和“不可比产品”名称填列。对可比产品，应按主要品种逐一列示；对不可比产品，则不严格要求填报产品名称。

表 11－1　　产品生产成本表

编制单位：××工厂　　××年 12 月　　单位：元

产品名称	计量单位	实际产量		单位成本				本月总成本			本年累计总成本		
		本月	本年累计	上年实际	本年计划	本月实际	本年累计实际平均	按上年实际平均单位成本	按本年计划单位成本	本月实际	按上年实际平均单位成本	按本年计划单位成本	本年实际成本
		①	②	③	④	⑤＝⑨÷①	⑥＝⑫÷②	⑦＝①×③	⑧＝①×④	⑨	⑩＝②×③	⑪＝②×④	⑫
可比产品合计								19 400	19 100	18 850	270 000	266 000	269 400
其中：甲	件	50	500	84	82	83	81	4 200	4 100	4 150	42 000	41 000	40 500
乙	件	20	300	760	750	735	763	15 200	15 000	14 700	228 000	225 000	228 900
不可比产品合计									2 110	2 119		23 550	23 780
其中：丙	件	8	70		125	128	126		1 000	1 024		8 750	8 820
丁	件	3	40		370	365	374		1 110	1 095		14 800	14 960
全部商品产品									21 210	20 969		289 550	293 180

补充资料（本年累计实际数）：

1. 可比产品成本降低额 600 元（本年计划降低额为 2 800 元）；
2. 可比产品成本降低率 0.22%（本年计划降低率为 1.51%）；
3. 按现行价格计算的产品产值 921 300 元；
4. 产值成本率 31.82 元/百元（本年计划产值成本率为 31 元/百元）。

（2）“实际产量”栏分为“本月”和“本年累计”两栏。“本月”实际产量，应根据相应的产品成本明细账填列；“本年累计”实际产量，应根据本月实际产量，加上月本表的本年累计实际产量计算填列。

（3）“单位成本”栏分为“上年实际”、“本年计划”、“本月实际”和“本年累计实际平均”单位成本等专栏，填列方法如下：

①上年实际平均单位成本，应根据上年度本表所列全年累计实际平均单位成本填列；

②本年计划单位成本，应根据本年度成本计划填列；

③本月实际单位成本，应根据表中本月实际总成本除以本月实际产量计算填列。如果产品成本明细账或产成品成本汇总表中有现成的本月产品实际产量，总成本和单位成本，表中这些项目均可根据产品成本明细账或产成品成本汇总表填列；

④本年累计实际平均单位成本，应根据表中本年累计实际总成本除以本年累计实际产量计算填列。

（4）“本月总成本”栏分为“按上年实际平均单位成本”、“按本年计划单位成本”、“本月实际”等专栏，填列方法如下：

①“按上年实际平均单位成本”计算的本月总成本，应根据本月实际产量乘以上年实际平均单位成本计算填列。

②“按本年计划单位成本”计算的本月总成本，应根据本月实际产量，乘以本年计划单位成本计算填列。

③“本月实际总成本”应根据本月产品成本明细账或产成品成本汇总表填列。

（5）“本年累计总成本”栏分为“按上年实际平均单位成本”、“按本年计划单位成本”、“本年实际”等专栏，填列方法如下：

①“按上年实际平均单位成本”计算的本年累计总成本，应根据本表的本年累计实际产量乘以本年上年实际单位成本计算填列。

②“按本年计划单位成本”计算的本年累计总成本，应根据本表的本年累计实际产量乘以本年计划单位成本计算填列。

③“本年实际”累计总成本应根据本年的产品成本明细账或产成品成本汇总表计算填列。

企业如有不合格产品，应单列一行，并注明“不合格产品”字样，不应与合格产品合并填列。

为计算可比产品成本降低额和降低率，正表部分还应反映可比产品按上年实际平均单位成本计算的本月总成本和本年累计总成本。不可比产品由于过去没有正式生产过，没有成本资料可以比较，因此不必填列上年实际平均单位成本和按其计算的本月总成本、本年累计总成本。

补充资料部分只填列本年累计实际数。其中：

可比产品与可比产品成本分析

• 可比产品成本降低额：指可比产品累计实际总成本比按上年实际单位成本计算的累计总成本降低的数额，超支额用负数表示。其计算公式如下：

$$\text{可比产品成本降低额}=\text{可比产品按上年实际平均单位成本计算的总成本}-\text{可比产品本年累计实际总成本}$$

以表 11 - 1 资料为例（下同）：

可比产品成本降低额 = 270 000 - 269 400 = 600（元）

• 可比产品成本降低率：指可比产品本年累计实际总成本比按上年实际平均单位成本计算的累计总成本降低的比率，超支率用负数表示。计算公式如下：

$$\text{可比产品成本降低率}=\frac{\text{可比产品成本降低额}}{\text{可比产品按上年实际平均单位成本计算的总成本}}\times 100\%$$

$$=\frac{600}{270\ 000}\times 100\% = 0.22\%$$

（本年计划降低率 1.51%，计划降低额 2 800 元。）

• 按现行价格计算的产品产值：根据有关的统计资料填列。

• 产值成本率：指产品生产总成本与产品产值的比率，通常以每百元产品产值总成本表示。计算公式如下：

$$\text{每百元产值成本率}=\frac{\text{产品生产总成本}}{\text{产品产值}}\times 100\%$$

$$=\frac{293\ 180}{921\ 300}\times 100\% = 31.82\%$$

（三）产品生产成本表的作用

（1）可以分析和考核全部产品本月和本年累计成本计划的执行结果，对全部产品生产成本的节约或超支情况进行一般评价。

（2）可以分析和考核各种可比产品和全部可比产品本月和本年累计的成本比上年的升降情况。

（3）对于规定有可比产品成本降低计划的产品，可以分析和考核可比产品成本降低计划的执行情况，促使企业采取措施，不断降低产品成本。

（4）可以了解哪些产品成本节约较多，哪些产品成本超支较多，为进一步进行产品单位成本分析奠定基础。

三、产品生产成本表的分析

产品生产成本表的分析一般可从以下两个方面进行：一是对全部商品产品生产成本计划的完成情况进行总体评价，二是分析可比产品成本降低计划的完成情况。

（一）产品生产成本计划完成情况的分析

进行这一方面的成本分析，是以本期实际成本与计划成本进行对比分析。具体做法是：根据表中所列全部产品和各种主要产品的本月实际总成本和本年累计实际总成本，分别与其本月计划总成本和本年累计计划总成本进行比较，确定全部产品和各种主要产品实际成本与计划成本的差异，了解成本计划的执行结果。

以表 11－1 为例。在表 11－1 中，虽然本月全部产品生产总成本实际低于计划，但本年累计总成本实际却超过计划 3 630 元（293 180－289 550）。其中，可比产品成本实际比计划超支 3 400 元（269 400－266 000），主要是乙产品成本超支 23 900 元（228 900－225 000），而甲产品成本降低；不可比产品成本实际比计划超支 230 元（23 780－23 550），丙、丁产品成本都是超支。显然，进一步分析的重点是乙产品成本超支的原因。

为了将企业产品的生产耗费和生产成本联系起来，综合评价企业生产经营的经济效益，在全部产品生产成本计划完成情况的总体评价中，还应包括产值成本率指标的分析。从表 11－1 补充资料中得知，本年累计产值成本率为 31. 82 元/百元，比计划超支 0. 82 元/百元，说明企业生产耗费的经济效益有所下降。

（二）可比产品成本降低任务完成情况的分析

进行可比产品成本降低任务完成情况的成本分析，也就是分析可比产品成本本期与上年可比产品成本相比的升降情况。如果企业制定了可比产品成本降低计划，即成本的计划降低率或计划降低额，还应进行可比产品成本降低计划执行结果的分析。

进行这一方面分析时，还应注意可比产品与不可比产品的划分是否正确，检查有无将成本超支的可比产品列为不可比产品，或将成本降低较多的不可比产品列为可比产品，以掩盖可比产品成本超支的虚假情况。

可比产品成本升降情况的分析，可以按产品品种进行，也可以按全部可比产品进行。可比产品成本的降低计划一般按全部可比产品综合规定，因而，可比产品成本降低计划执行结果的分析一般按全部可比产品综合进行。

1. 可比产品成本升降情况的分析

进行分析时，应根据表中所列全部可比产品和各种可比产品的本月实际总成本和本年累计实际总成本，分别与其本月按上年实际平均单位成本计算的总成本和本年按上年实际平均单位成本计划的累计总成本进行比较，确定全部可比产品和各种可比产品本期实际成本与上年实际成本的差异，了解成本升降的情况。

如表 11 –1，在该企业 12 月份的产品生产成本表中，全部可比产品本月实际总成本为 18 850 元和本年累计实际总成本为 269 400 元，都低于上年的 19 400 元和 27 万元。可见，可比产品成本总的是降低了，但从产品品种来看，乙种产品本年实际总成本为 228 900 元，高于上年成本的 228 000 元。因此，应进一步分析乙种产品本年实际成本高于上年的原因，以便进一步降低可比产品成本。

2. 可比产品成本降低计划执行结果的分析

可比产品成本的计划降低额是根据计划产量确定的，实际降低额是根据实际产量计算的。在产品结构比重和单位成本不变的情况下，产量增减会使成本降低额发生同比例的增减；但由于按上年实际平均单位成本计算的本年累计总成本也发生了同比例的增减，因而不会使成本降低率发生变动（成本降低率计算公式的分子和分母发生同比例变动，其商不变）。产品单位成本的变动则会影响成本降低额和降低率同时发生变动。产品单位成本降低使成本降低额和降低率增加；反之，则减少。此外，由于各种产品的成本降低程度不同，因而产品品种比重的变动，也会影响成本降低额和降低率同时发生变动。成本降低程度大的产品比重增加会使成本降低额和降低率增加；反之则减少。因此，影响可比产品成本降低率变动的因素有两个，即产品品种比重变动和产品单位成本变动；影响可比产品成本降低额变动的因素有三个，即产品产量变动、产品结构比重变动和产品单位成本变动。

根据表 11 –1 补充资料，首先确定可比产品成本降低计划的完成情况：

计划降低额	2 800 元	计划降低率	1.51%
实际降低额	600 元	实际降低率	0.22%

实际脱离计划差异：

降低额 =600 –2 800 = –2 200（元）

降低率 =0.22% –1.51% = –1.29%

从以上计算中看出，可比产品成本降低计划没有完成。根据表 11 –1 资料，确定产品产量、产品品种结构和产品单位成本变动时对可比产品成本降低计划完成情况的影响程度。

按照连环替代法的计算程序，在确定各因素变动对成本降低计划完成情况的影响程度时，应以计划产量、计划品种结构和计划单位成本情况下的成本降低计划为基础，然后用各个因素的实际数逐次替换计划数。

（1）产品产量变动的影响。为了确定产量变动的影响程度，首先必须求得在实际产量、计划品种结构情况下，以本年计划单位成本计算的总成本与按上年实际平均单位成本计算的总成本相比的成本降低额和成本降低率，然后以此与计划降低额和计划降低率相比较。

由于在其他因素不变的条件下，单纯产量变动只影响成本降低额，不影响成本降低率。所以，在实际产量、计划品种结构、计划单位成本情况下的降低率与计划降低率相同，即为 1.51%。以计划降低率乘以按实际产量、上年实际平均单位成本计算的总成本，即可求得在

实际产量、计划品种结构和计划单位成本下的成本降低额。即

成本降低额＝270 000×1.51%＝4 077（元）

以上计算求得的4 077元和1.51%与计划降低额和计划降低率1.51%相比较，即可求得由于产量变动对成本降低计划完成情况的影响程度。

降低额＝4 077－2 800＝1 277（元）

降低率＝1.51%－1.51%＝0

（2）产品品种结构变动的影响。为了确定产品品种结构变动的影响，必须求得在实际产量、实际品种结构情况下，以本年计划单位成本计算的总成本与按上年实际平均单位成本计算的总成本相比较的降低额和降低率。

降低额＝270 000－266 000＝4 000（元）

降低率＝4 000/270 000×100%＝1.48%

将上述计算结果与在实际产量、计划品种结构和计划单位成本情况下的降低额和降低率相比较，即可求得由于产品品种结构变动对成本降低计划完成情况的影响程度。

降低额＝4 000－4 077＝－77（元）

降低率＝1.48%－1.51%＝－0.03%

（3）产品单位成本变动的影响。为了确定产品单位成本变动的影响，必须求得在实际产量、实际品种结构情况下，以本期实际总成本与上年实际平均单位成本计算的总成本相比较的降低额和降低率。

降低额＝600－4 000＝－3 400（元）

降低率＝0.22%－1.48%＝－1.26%

以上计算程序和计算结果如表11－2所示。

表11－2　各因素影响程度汇总表

指　标	降低额（元）	降低率
（1）在计划产量、计划品种构成和计划单位成本情况下的成本降低数	2 800	1.51%
（2）在实际产量、计划品种构成和计划单位成本情况下的成本降低数	270 000×1.51%＝4 077	1.51%
（2）－（1）产量变动的影响	1 277	0
（3）在实际产量、实际品种构成和计划单位成本情况下的成本降低数	270 000－266 000＝4 000	$\frac{4\ 000}{270\ 000}\times 100\%=1.48\%$
（3）－（2）产品品种构成变动的影响	－77	－0.03%
（4）在实际产量、实际品种构成和实际单位成本情况下的成本降低数	270 000－269 000＝600	$\frac{600}{270\ 000}\times 100\%=0.22\%$
（4）－（3）产品单位成本变动的影响	－3 400	－1.26%
可比产品成本	－2 200	－1.29%

以上方法还可简化为：

①根据产品生产成本（表11－1），可以先计算出由于产品单位成本变动使可比产品

未完成成本降低计划，少降低 3 400 元（266 000 - 269 400），对降低率的影响为 -1.26%（-3 400/270 000 ×100%）。

②在其他因素不变的条件下，单纯产量变动只影响降低额，不影响降低率。因此，成本降低率低于计划 1.29%，只受产品品种结构和产品单位成本两个因素变动的影响。已知产品单位成本变动影响成本降低率少完成 1.26%，故产品品种结构变动对成本降低率的影响应为：

对成本降低率的影响 = -1.29% -（-1.26%）= -0.03%

以此可求得产品品种结构变动对成本降低额的影响程度：

对成本降低额的影响 = 270 000 ×（-0.03%）= -81（元）

上述 -81 元与前面方法的计算结果有误差，是由于计算成本降低率指标时，小数点后只保留两位数，再反过来计算成本降低额时出现的误差。

③利用余额计算法。从实际脱离计划的总差异中减去以上两个因素变动的影响数额，即可求得产品产量变动对成本降低额的影响程度：

对成本降低额的影响 = -2 200 -（-3 400）-（-81）= 1 281（元）

根据以上分析结果，可以对可比产品成本降低计划完成情况作出总体评价：

第一，总的来看，企业未完成可比产品成本降低计划，实际比计划少降低 2 200 元，或少降低 1.29%。原因主要是由于产品单位成本升高，使成本少降低 3 400 元，降低率少降低 -1.26%。其中主要是乙产品成本升高所致。

第二，值得注意的是，本月（12 月）甲产品单位成本虽然低于上年全年实际平均成本，却高于本年计划和本年累计实际平均成本；而乙产品相反，本月实际单位成本比上年实际平均、比本年计划和本年累计平均成本都低，应进一步结合单位成本分析查明原因。

第三，产量增加使成本实际比计划多降低 1 200 元，而品种结构变动却使成本实际比计划少降低 77 元。对于这一变动原因需结合生产分析和销售分析查明原因后进行。

根据总体评价提出的问题，在深入实际查明原因后，才能明确企业工作中的成绩、问题，从而对上述可比产品成本降低计划的完成情况作出确切评价并提出今后努力的方向。

第三节　主要产品单位成本表的编制和分析

一、主要产品单位成本表的编制

产品生产成本表列示了企业生产的全部产品生产成本，但对企业常年生产或者产品成本变动较大的产品的单位成本构成情况如何并未反映，这就需要通过主要产品单位成本表来补充。

主要产品，是指企业经常生产，在企业全部产品中所占比重较大，能概括反映企业生产经营面貌的产品。

主要产品单位成本表是反映企业在报告期内生产的各种主要产品单位成本构成情况的报表。该表应按各种主要产品分别编制，它是产品成本中某些主要产品成本的进一步反映。利用此表，可以按照成本项目分析和考核主要产品单位成本计划的执行情况；可以按照成本项目将本月实际和本年累计实际平均单位成本，与上年实际平均和历史先进水平的成本进行对比，了解单位成本的变动情况；可以分析和考核各种主要产品的主要技术经济指标的执行情况，进而查明主要产品单位成本升降的具体原因。

（一）主要产品单位成本表的结构

主要产品单位成本表可以分为按成本项目反映的单位成本和主要技术经济指标两部分。该表的单位成本部分还可以分别反映历史先进、上年实际平均、本年计划、本月实际和本年累计实际平均的单位成本。该表的技术经济指标部分主要反映原料及主要材料、燃料和动力的消耗量。

设企业所产乙种产品为主要产品，现列示该企业该年度12月份乙种产品的单位成本表，如表11－3。

表11－3　主要产品单位成本表

本月计划产量：18件
本月实际产量：20件

产品名称：乙　　计量单位：件　　本年累计计划产量：200件
产品规格：×　　销售单价：860元　　本年累计实际产量：300件

成本项目		历史先进水平	上年实际平均	本年计划	本月实际	本年累计实际平均
直接材料		470	480	480	475	482
直接燃料及动力		37	52	48	40	53
直接人工		81	86	82	75	78
制造费用		140	142	140	145	150
产品生产成本		728	760	750	735	763
主要技术经济指标	计量单位	耗用量	耗用量	耗用量	耗用量	耗用量
A材料	千克	19	21	20	18	18
B材料	千克	32	33	32	30	34

（二）主要产品单位成本表的编制

1. 销售单价和产量

产品销售单价应根据企业的产品定价表填列。本月及本年累计计划产量应根据生产计划填列；本月实际产量应根据产品成本明细账或产成品成本汇总表填列；本年累计实际产量应根据上月本表的本年累计实际产量，加上本月实际产量计算填列。

2. 单位成本

历史先进单位成本应根据本表历史上该种产品成本最低年度的实际平均单位成本填列；上年实际平均单位成本应根据上年度本表实际平均单位成本填列；本年度计划单位成本应根

据本年度成本计划填列；本月实际单位成本应根据该种产品成本明细账或产成品汇总表填列；本年累计实际平均单位成本应根据该种产品成本明细账所记年初起至报告期末止完工入库总成本除以本年累计实际产量计算填列。表中的不可比产品不填列上年实际平均和历史先进的单位成本。

表11－3中，上年实际平均、本年计划、本月实际和本年累计实际平均的单位成本，应与产品生产成本表该种产品相应的单位成本核对相符。

3. 主要技术经济指标

主要技术经济指标是指该种产品主要原材料的耗用量，应根据有关业务技术核算资料填列。

（三）主要产品单位成本表的作用

（1）可以按照成本项目考核主要产品单位成本计划的执行结果，分析各项单位成本节约或超支的原因。

（2）可以按照成本项目将本月实际单位成本和本年累计实际平均单位成本与上年实际平均单位成本和历史先进单位成本进行比较，了解其比上年的升降情况，与历史先进水平存在的差距等，可以分析单位成本变化、发展的趋势。

（3）可以分析和考核主要产品的主要技术经济指标的执行情况。

二、主要产品单位成本表的分析

分析主要产品单位成本的意义，在于揭示各种产品单位成本及其包括的各个成本项目的变动情况，尤其是各项消耗定额的执行情况；确定产品结构、工艺和操作方法的改变，以及有关技术经济指标变动情况对产品单位成本的影响，查明单位产品成本升降的具体原因。

分析的依据是主要产品单位成本表、成本计划和各项消耗定额资料，以及反映各项技术经济指标的业务资料等。分析的程序一般是先检查各种产品单位成本实际比计划、比上年实际、比历史最好水平的升降情况；然后，按成本项目分析，查明造成单位成本升降的具体原因。

（一）主要产品单位成本变动情况分析

从表11－3可知，乙产品本月实际单位成本比计划、上年实际、全年累计实际平均都降低了，虽然还未达到历史最好水平，但总的情况是好的。从成本项目对比中可以看出，产品单位成本的降低主要是由于直接材料费、直接燃料和动力费、直接人工费的节约，说明企业在降低乙产品直接材料费、直接燃料和动力费、直接人工费等方面，以及改进乙产品的生产组织、提高劳动生产率方面采取了措施，取得了成绩。但是，也要看到制造费用本月实际比计划和上年实际超支了，说明还存在薄弱环节。为了查明产品单位成本及其成本项目变动的原因，还须进一步对各个成本项目，特别是重点项目，即变动影响大的项目作具体分析。

（二）主要成本项目分析

一定时期产品单位成本的高低，是与企业该时期的生产技术、生产组织的状况和经营管理水平，以及采取的技术组织措施效果相联系的。因此，密切结合企业技术经济方面的资料，查明成本升降的具体原因，是进行产品单位成本各个成本项目分析的重点。

下面以直接材料、直接人工和制造费用几个主要成本项目为例，说明分析的一般方法。

1. 直接材料的分析

直接材料费的变动主要受单位产品直接材料消耗数量和直接材料价格两个因素的变动影响。其变动的计算方法如下：

因素分析法

直接材料消耗数量变动的影响 =（实际单位耗用量 - 计划单位耗用量）× 直接材料计划单价

直接材料价格变动的影响 = 实际单位耗用量 ×（直接材料实际单价 - 直接材料计划单价）

有关资料参见表 11 - 3，乙产品直接材料费用分析表如表 11 - 4。

表 11 - 4　　乙产品直接材料费分析表

材料名称	计量单位	耗用量		单价		直接材料		差异	
		计划	实际	计划	实际	计划	实际	数量	金额
A 材料	千克	20	18	13.5	14	270	252	-2	-18
B 材料	千克	32	30	8.75	9	280	270	-2	-10
合计						550	522		-28
减：废料回收价值	元					70	47		-23
合计						480	475		-5

由于耗用量变动：

A 材料　　-2 × 13.5 = -27　（元）

B 材料　　-2 × 8.75 = -17.5（元）

合计　　-44.5（元）

由于价格变动：

A 材料　　（14 - 13.5）× 18 = 9　（元）

B 材料　　（9 - 8.75）× 30 = 7.5（元）

合计　　16.5（元）

两因素变动共使乙产品直接材料费降低 28 元（-44.5 + 16.5）。

在上述两项因素中，原材料价格变动多属外界因素影响，需结合市场供求和材料价格变动情况具体分析。节约材料消耗只要不是偷工减料的结果，一般都是生产车间改进生产工艺、加强成本管理的结果。

2. 直接人工费的分析

分析产品单位成本中的直接人工费，必须按照不同的工资制度和工资费用计入成本的方法来进行。在计件工资制度下，计件单价不变，单位成本中的直接人工费一般也不变，除非生产工艺或劳动组织方面有所改变，或者出现了问题。在计时工资制度下，如果企业生产多种产品，产品成本中的直接人工费一般是按生产工时比例分配计入的。这时单位成本中直接人工费的多少，取决于生产单位产品的工时消耗和小时工资率两个因素。生产单位产品消耗的工时愈少，成本中分摊的直接人工费也愈少，而小时工资率的变动则受计时工资总额和生产工时总数的影响，其变动原因需从这两个因素的总体去查明。基于这种原因，分析单位成本中的直接人工费，应结合生产技术、工艺和劳动组织等方面的情况，重点查明单位产品生产工时变动的原因。

第四节　制造费用明细表的编制与分析

一、制造费用明细表的编制

制造费用明细表是，反映企业在报告期内发生的制造费用及其构成情况的报表。它重点说明企业在一定时间内制造费用支出的总额及其构成情况，从而分析支出的合理程度和变化趋势。由于辅助生产车间的制造费用已通过辅助生产费用的分配转入基本生产车间制造费用、管理费用等有关的成本、费用项目，因而该表的制造费用只反映基本生产车间制造费用，不包括辅助生产车间制造费用，以免重复。

（一）制造费用明细表的结构

该表一般按照制造费用的费用项目分别反映各种费用的本年计划数、上年同期实际数、本月实际数和本年累计实际数。制造费用明细表的格式见表 11 -5。

表 11 -5　　**制造费用明细表**

××年×月×日　　单位：元

费用项目	本年计划数	上年同期实际数	本月实际数	本年累计实际数
职工薪酬	62 700	4 984	5 410	63 873
折旧费	42 700	3 493	3 570	43 820
修理费	26 910	2 580	2 320	26 950
办公费	29 950	2 327	2 120	27 410
水电费	34 900	2 789	2 860	34 874
机物料消耗	29 800	2 360	2 250	27 120
劳动保护费	35 170	2 976	2 780	33 162
在产品盘亏、毁损		2 382	2 130	14 895
停工损失		1 871		5 144
其　　他	25 940	3 618	3 540	17 356
合　　计	288 070	29 380	26 980	294 604

（二）制造费用明细表的编制

该表本年计划数应根据本年制造费用计划填列；上年同期实际数应根据上年同期本表的本月实际数填列；本月实际数应根据“制造费用”总账所属各基本生产车间制造费用明细

账的本月合计数汇总填列；本年累计实际数应根据有关制造费用明细账本月末累计数汇总计算填列。如果需要，也可以根据制造费用的分月计划填列本月计划数。

（三）制造费用明细表的作用

1. 可以按费用项目分析制造费用本月实际数比上年同期实际数的增减变化情况；在表中列有本月计划数的情况下，还可以分析本月计划的执行结果。

2. 可以在年度内按照费用项目分析制造费用年度计划的执行情况，预测年末时制造费用能否节约，以便采取措施，将制造费用控制在年度计划之内，并在年末按照费用项目分析制造费用年度计划执行的结果，分析节约或超支的原因。

3. 可以分析本月实际和本年累计实际制造费用的构成情况，并与上年同期实际构成情况和计划构成情况进行比较，分析制造费用构成的发展变化情况和原因。

二、制造费用明细表的分析

制造费用明细表的分析主要采用对比分析法。对比分析法是通过实际数与基数的对比来揭示实际数与基数之间的差异，借以了解经济活动的成绩和问题的一种分析方法（见表 11－5）。

在采用对比分析法进行分析时，通常先将本月实际数与上年同期实际数进行对比，揭示本月实际与上年同期实际之间的增减变化。在表中列有本月计划数的情况下，应先进行这两者的对比，以便分析和考核制造费用月份计划的执行结果。在将本年累计实际数与本年计划数进行对比时，如果该表不是 12 月份的报表，这两者的差异只反映年度内计划执行的情况，可以据以发出信号，提醒人们应该注意的问题。如果该表是 4 月份的报表，其本年累计实际数已经接近、达到甚至超过本年计划的半数时，就应注意节约以后各月的费用，以免全年的实际数超过计划数。如果该表是 12 月份报表，则本年累计实际数和本年计划数的差异，就是全年费用计划执行的结果。为了具体分析制造费用增减变动和计划执行好坏的情况和原因，上述对比分析应该按照费用项目进行。由于制造费用的项目很多，分析时应该选择超支或节约数额较大或者费用比重较大的项目有重点地进行。

各项制造费用的性质和用途不同，评价各项费用超支或节约时应该联系费用的性质和用途具体分析，不能简单地将一切超支都看成是不合理的、不利的，也不能简单地将一切节约都看成是合理的、有利的。例如，修理费和劳动保护费的节约，可能导致缺少必要的劳动保护措施，影响安全生产，只有在保证机器设备的维修质量和正常运转，保证安全生产的条件下节约修理费和劳动保护费才是合理的、有利的。又如，机物料消耗的超支也可能是由于追加了生产计划，增加了机物料消耗的结果。这样的超支也是合理的，不是成本管理的责任。

此外，在分项目进行制造费用分析时，还应特别注意“在产品盘亏和毁损”以及“停工损失”等非生产性的损失项目的分析，这些项目的发生额通常都是生产管理不善造成的。在分析“在产品盘亏和毁损”项目时，还应注意其中有无盘盈的抵消数。因为在产品盘盈的价值会冲减、掩盖一部分盘亏和毁损的损失。在产品盘盈也是由于生产经营管理不善或核算上的差错造成的，不是生产车间的工作成果。

第十二章
其他行业成本计算的特点

【学习目的和要求】

- 熟悉交通运输企业、施工企业和农业企业成本核算的主要特点
- 了解交通运输企业、施工企业和农业企业成本计算的基本方法
- 了解交通运输企业、施工企业和农业企业成本核算的一般程序

导入案例

尽管王蓉的企业自开办以来一直在不断地发展，但她对服装行业的总体情况还不太了解。为了更好地掌握服装行业信息，加强与同行的沟通和交流，王蓉加入了中国服装协会。在参加协会活动的过程中，王蓉不仅了解到国内外服装市场的很多信息，还懂得了服装行业不仅是一个综合性很强的行业，有服装加工、服装材料和辅料的生产，还有服装设备制造，同时，服装行业也是一个竞争激烈、淘汰率很高的行业。尤其是在协会的服装论坛上，王蓉听了不少专家学者关于服装行业的有关论述后，使王蓉在分析影响行业发展的各种因素，判断其对行业的影响力度，预测行业的未来发展趋势，明确服装行业本身所处的发展阶段及其在国民经济中的地位，如何正确把握行业投资价值等方面，感到自己的视野变得更加开阔，对自己企业的前景也有了更为清晰的判断。

案例解析

行业分类是指从事国民经济中同性质的生产或其他经济社会的经营单位或者个体的组织结构体系的详细划分。我国的《国民经济行业分类》国家标准于1984年首次发布，分别于1994年和2002年进行修订，2011年第三次修订。该标准（GB/T 4754－2011）由国家统计局起草，国家质量监督检验检疫总局、国家标准化管理委员会批准发布，并于2011年11月1日实施。新的行业分类将我国的行业分为农、林、牧、渔业，采矿业，制造业，电力、燃气及水的生产和供应业，建筑业，交通运输、仓储和邮政业等二十大行业，王蓉的服装公司属制造业。

进行行业分类的目的是为了进行行业管理。因为不同的行业有不同的经营特点，管理方式亦不同。如运输业与制造业最大的不同就是所提供产品是无形的，即运输服务。不过，在运输企业在提供运输服务的同时，还需要借助运输工具和设备。因此在计算运输成本时，除了考虑人工费而外，还需要计算运输工具、设备及包装等的损耗。此外，还有许多行业的成本计算与制造业有着明显的不同，如施工企业、农业企业，其产品的生产过程都有自己的特点。在进行这类企业的成本核算时，应重点关注其成本核算特点。

第一节　交通运输业成本计算的特点

一、交通运输业生产经营和成本计算的特点

物流业成本核算特点

（一）交通运输业生产经营的特点

公路运输、铁路运输、水路运输、航空运输、机场和港口等各类交通运输企业的生产经营过程，是通过具有劳动技能的劳动者，利用运输工具及其设备（劳动工具），使人和物（劳动对象）在空间的位置发生移动。交通运输业是生产过程在流通过程中的继续，具有物质生产的特征。但交通运输业又以其自己的特点区别于其他物质生产部门。其生产经营特点主要表现在：

1. 交通运输业不产生新的实物形态的产品

交通运输业的劳动对象是它所运输的人和物，在运输后不会发生物理或化学上的变化，只发生空间位置上的转移。所以，交通运输业生产的最终结果并不创造任何新的物质产品。由于运输使产品在空间位置上的转移不仅与数量有关，还与距离有关，因此交通运输业产品的计量单位应是数量与距离的复合单位。

2. 交通运输业不存在产品存储过程

交通运输业的生产和消费在时间和空间上是融合在一起的，从而使得交通运输业的生产和销售过程是统一的营运过程，生产的完成也就是销售的完成。

3. 交通运输业生产地点流动分散

交通运输业的生产是在广阔的空间范围内不断流动的，并且方向分散，线长点多，往往出现跨地区甚至跨国家之间的运输，结算工作量较大。

4. 各种运输方式之间的替代性较强

公路、铁路、水路、航空等各种运输方式虽然具有不同的特点和优势，但同工业企业相比，不同的运输方式之间具有较明显的替代性。

（二）交通运输业成本计算的特点

交通运输业生产经营的特点，决定了交通运输业成本计算除具有工业企业产品成本计算

的共性以外，还具有其独特性，其成本核算的特点主要表现在：

（1）交通运输业以人或物的周转量作为成本计算对象，归集营运费用，计算其总成本和单位成本。如前所述，人或物的位置转移不仅要考虑运输对象沿运输路线所经过的路程远近，而且要考虑运输对象本身的数量和重量的大小。因此运输企业会计是以运送数量与距离相结合的人公里（海里）、吨公里（海里）等复合单位表示。客运成本的计算单位为“元／千人公里（海里）”，货运成本的计算单位为“元／千吨公里（海里）”。为了统一计算运输成本，客运和货运的计量单位可以互相换算，1 吨公里 =10 人公里。

（2）交通运输业一般以月、季、年为成本计算期。但远洋运输业因其航行距离长，活动范围广，故通常以航次为成本计算期。

（3）交通运输业的运输周期相对较短（远洋运输除外），成本计算期末未完成的运输工作量较少，期末没有或很少有未完成运输成本（在产品成本），因此本期发生的营运费用一般全部由本期的周转量承担。

（4）运输生产有时采用客货混载的运输方式。在分别计算旅客运输成本和货物运输成本时，要将共同发生的营运费用进行适当分配。交通运输企业的运输生产过程和销售过程是统一的，其成本不能区分为生产成本和销售成本。

二、交通运输业营运成本组成内容

交通运输业的运输成本称为营运成本。概括起来说，凡是企业在营运过程中实际发生的与运输、装卸和其他业务等营运生产直接有关的各项支出都应计入营运成本，具体包括：

（1）**直接材料费用**是指企业在营运生产过程中实际消耗的各种燃料、材料、油料、备品配件、航空高价周转件、垫隔材料、轮胎、专用工器具、动力照明、低值易耗品等物质性支出。

（2）**直接人工费用**是指企业直接从事营运生产活动人员的工资、福利费、奖金、津贴和补贴等工资、福利性支出。

（3）**间接营运费用**是指企业在营运过程中实际发生的折旧费、修理费、租赁费（不包括融资租赁费）、水电费、办公费、差旅费、取暖费、保险费、设计制图费、试验检验费、劳动保护费、季节性、修理期间停工损失、事故净损失等营运性支出。

三、交通运输业成本的核算程序和方法

交通运输业一般应以运输工具类型（如货车、客车、货轮、客货轮、油轮、拖轮、驳船）或单车、单船等为成本计算对象归集费用，计算其营运成本，并按规定设置成本项目。企业在营运过程中发生的各项费用就是从事该项作业的总成本，没有在产品成本计算问题。总成本除以客、货周转量即为单位成本。以汽车运输企业为例，其客车运输单位成本和货车运输单位成本的计算公式如下：

$$\text{客车运输单位成本（元/千人公里）}=\frac{\text{客车运输总成本（元）}}{\text{客车运输周转量（千人公里）}}$$

如果企业有装卸业务，应以专业作业区或货种为成本计算对象，并按规定开设成本项目。企业在一定时期内为从事装卸作业所支付的各项费用就是装卸作业总成本。装卸作业总成本除以同时期内完成的装卸作业量，即为装卸单位成本。其计算公式如下：

$$装卸单位成本 = \frac{装卸作业总成本}{装卸吨数}$$

为归集运输企业经营旅客、货物运输业务、装卸业务和经营仓库、堆场业务所发生的各项费用支出，企业应设置“运输支出”账户，并按成本核算对象和规定的成本项目进行明细分类核算。凡能直接计入成木项目的费用，借记“运输支出”账户，贷记“燃料”、“轮胎”、“应付职工薪酬”等账户；不能直接计入成本项目的其他费用，应先在“营运间接费用”、“辅助营运费用”、“长期待摊费用”、“其他应付款”等账户核算。月份终了，再将这些费用按规定的分配标准，分别计入有关的成本核算对象，并转入“运输支出”账户及所属明细账户借方。期末，该账户借方归集的费用，表示本期运输、装卸、堆存业务的总成本，应转入“本年利润”账户。现以汽车运输企业成本核算为例列示交通运输企业的成本核算程序（如图 12－1 所示）。

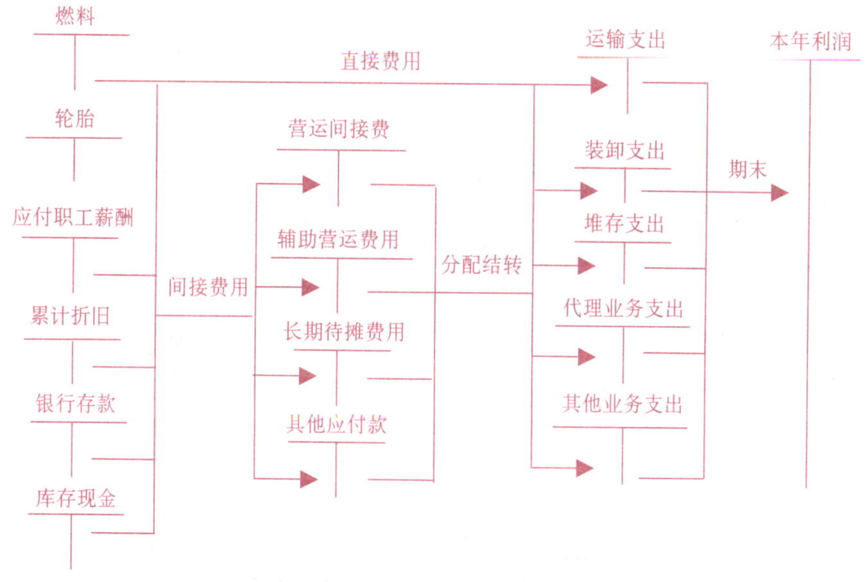

图 12－1　汽车运输企业成本核算流程

第二节　施工企业成本计算的特点

一、施工企业生产经营活动的特点

施工企业成本核算流程

施工企业是指从事建筑安装工程和其他专业工程施工的生产经营性企业，其主要生产经营活动是建设房屋、建筑物及安装各种设备，产品一般为不动产。

施工企业的建筑工程主要包括各种房屋（如厂房、仓库、民宅等）、构筑物（如矿井、铁路、桥梁等）的建筑工程，各种管道、输电线路等的敷设工程，设备的基础、支柱、工作台等的砌筑工程，工程地质勘探，拆除旧建筑物、平整土地、建筑场地完工后的清理与绿化等工程，矿井开凿、油、气井的钻井工程，等等；安装工程主要有生产、动力、起重、运输、传动、医疗、实验等各种需安装设备的装配、装置工程，以及为检验安装工程的质量而进行的设备试车等。

建筑安装工程的最大计量单位是建设项目（一般指按照一个总体设计进行施工的基本建设工程）。建设项目一般由几个或一个单项工程（亦称工程项目，指具有独立的设计文件，建成后能独立发挥生产能力和效益的工程）组成。组成单项工程的是单位工程（是根据单项工程所包含的不同性质的工程和能否独立施工而划分的工程计量单位），单位工程还可以细分为分部工程、分项工程。分项工程则为建筑安装工程的最小基础单元。

施工企业与制造业有共同点，都是劳动者利用劳动资料对劳动对象进行加工制作，生产出一定的产品。但是，施工企业与一般制造业相比，具有自身独特的生产特点，主要表现在以下几个方面：

1. 生产的单件性

施工企业的产品多种多样，每种产品都有其特定的目的和专门的用途，加之建筑安装地点受自然条件和社会经济条件的影响，每个工程都有其独特的工程设计和施工组织设计，使得建筑安装工程极少完全相同。建筑安装产品多样性的特点，决定了施工生产单件性的特点。

2. 施工生产周期长

建筑安装工程一般规模大，往往需要跨年度施工，施工生产露天和高空作业较多，受到自然地理和气候条件等的影响，导致施工工期较长。

3. 施工生产的流动性

建筑安装产品自开工建设到使用、报废均固定在同一地点，但是施工生产有着较大的流动性。主要表现在两个方面：一是施工企业的施工生产要在不同的工地、不同地区的承包工程之间流动施工；二是不同工种的工人要在同一施工对象的不同部位轮流或流动施工，或在同一工地的不同单位工程之间轮流或流动施工。

二、施工企业工程成本的内容

施工企业工程成本分为直接成本和间接成本。

直接成本，是指施工过程中耗费的构成工程实体或有助于工程形成的各项支出，包括人工费、材料费、机械使用费和其他直接费。

人工费包括企业从事建筑安装工程施工人员的工资、奖金、职工福利费、工资性质的津贴、劳动保护费等。

材料费包括施工过程中耗用的构成工程实体的原材料、辅助材料、构配件、零件、半成品的费用和周转材料的摊销及租赁费用。

机械使用费包括施工过程中使用自有施工机械所发生的机械使用费和租用外单位施工机械的租赁费，以及施工机械安装、拆卸和进出场费。

其他直接费包括施工过程中发生的材料二次搬运费、临时设施摊销费、生产工具用具使用费、检验试验费、工程定位复测费、工程点交费、场地清理费等。

间接成本，是指企业各施工单位（如工程处、施工队、工区等）为组织和管理工程施工所发生的全部支出，包括施工单位管理人员工资、奖金、职工福利费、行政管理用固定资产折旧费及修理费、物料消耗、低值易耗品、取暖费、水电费、办公费、差旅费、财产保险费、检验试验费、工程保修费、劳动保护费、排污费及其他费用。

三、施工企业工程成本核算对象的确定

一般来说，施工企业应该以每一个单位工程作为成本核算对象，这是因为施工图预算是按单位工程编制的，因此，按单位工程来确定其实际成本，便于与工程的预算成本相比较，以检查工程预算的执行情况。但是，一个施工企业要承包许多个建设项目，每个建设项目的具体情况往往各不相同：有的工程规模很大、工期很长；有的规模较小、工期较短的零星改建、扩建工程；有的建设项目，在一个工地上有若干个结构类型相同的单位工程同时施工，交叉作业，共同耗用现场堆放的大堆材料等等。因此，工程成本核算对象的确定一般应按照与施工图预算相适应的原则，根据本企业施工组织的特点、承包工程的实际情况及成本管理要求，确定建筑安装工程成本核算对象。主要有以下几种划分办法：

（1）建筑安装工程一般应以每一独立编制施工预算的单位工程为成本核算对象。

（2）一个单位工程由几个施工单位共同施工时，各施工单位都应以同一单位工程为成本核算对象，各自核算自行完成的部分。

（3）规模大、工期长的单位工程，可以将工程划分为若干部位，以分部的工程作为成本核算的对象。

（4）同一建设项目，由同一单位施工，同一施工地点、同一结构类型、开竣工时间相接近的若干个单位工程，可以合并作为一个成本核算对象。

（5）改建、扩建的零星工程，可以将开竣工时间相接近，属于同一建设项目的各个单位工程，合并作为一个成本核算对象。

（6）土石方工程、打桩工程，可以根据实际情况和管理需要，以一个单位工程为成本核算对象，或将同一施工地点的若干个工程量较小的单项工程合并作为一个成本核算对象。

四、施工企业成本的核算程序和方法

工程施工过程中发生的人工费、材料费、其他直接费用，以及机械使用费中从外单位租入施工机械的租赁费及其进出场费，应直接记入“工程施工”及其明细账户内的各有关成本项目的借方。“工程施工”账户属于工程成本计算账户，借方归集工程施工过程中发生的各项费用；贷方登记结转完工工程的成本；月末余额在借方，为未完工程的成本。“工程施工”所属明细账应按成本核算对象设置，并按成本项目设置专栏。自有施工机械使用过程中发生的机械使用费，应先行归集在“机械作业”账户的借方，月末，将归集的机械作业费按一定的分配方法在各成本核算对象之间进行分配，并转入“工程施工”账户的借方。间接费用应先通过“间接费用”账户归集，月末采用一定的分配方法在各成本核算对象之间进行分配，并转入“工程施工”明细账。施工企业成本核算账务处理程序如图 12 – 2 所示。

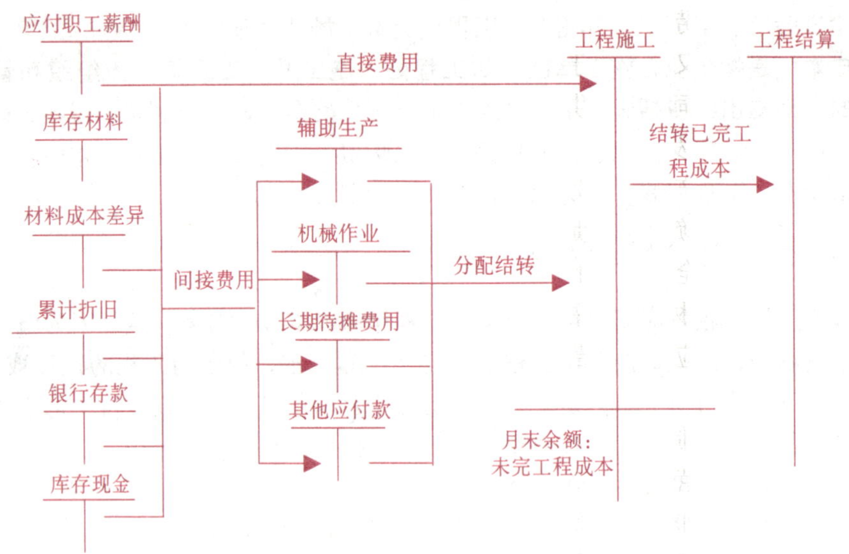

图 12－2 施工企业成本核算流程

第三节 农业企业成本计算的特点

一、农业企业生产经营活动的特点及其范围

（一）农业企业生产经营活动的特点

农业企业的生产过程、组织形式、经营方式和管理体制等方面与其他行业，特别是与工业企业相比，存在着较大的差异，主要具有如下特点：

1. 土地是农业生产的重要生产资料，是农业生产的基础

土地作为生产资料，对其进行规划改良，如兴修水利、防止水土流失、土壤改良、合理利用等，都可以不断地提高土地肥力，提高农业产量。土地作为农业生产的劳动资料，与其他劳动资料相比，无需考虑磨损，不计提折旧。此外，土地作为农业生产的基础来说，不仅要求人们计算农产品成本，还要求人们计算土地的单位面积收入以及单位面积成本，以反映土地的利用情况。

2. 农业生产具有明显的季节性

农业生产具有明显的季节性，劳动时间与生产时间的不一致性。其主要原因是：农业生产的对象是有生命的动植物，农业生产必须与气候条件相适应。而动植物都有自然生长过程，因而人们进行农业生产，有时生产过程是在劳动的直接作用下进行的，有时则是依靠自然作用进行生长的。所以农业生产中的劳动时间并不等于全部生产时间，两者不相一致。

3. 劳动资料、劳动对象互相转化

农业生产中部分劳动资料和劳动对象可以相互转化，部分农产品可作为生产资料重新投

入生产。例如，幼畜是劳动对象，经饲养成龄后可以转化为属于劳动资料的产畜和役畜，反之，役畜和产畜淘汰后又成为属于劳动对象的育肥畜。收获的粮食除作为商品产品外，必须留存一部分作为种子和饲料，以供农业和畜牧业再生产使用。

4. 多种经营、全面发展

由于农业企业的生产时间与劳动时间不一致，生产周期长，季节性和地域性强，种植业和养殖业之间的相互依赖、相互促进等，从而要求经营管理上必须与之相适应，一般都实行一业为主，多种经营，全面发展的经营方针。作为一个独立的农业企业，无论是何种所有制性质，基本上都有农、林、牧、副、渔、工、商、运、建、服等种行业。由于行业的多样性，要求成本核算要适应这种经营特点的需要，分别计算各业的费用成本，以便确定其财务成果。

5. 农业生产管理体制多形式、多层次

农业生产不仅在经营上实行一业为主，多种经营，而且在管理上实行联产承包、统分结合、双层经营的体制。如国营农场设有场部、分场、生产队多个层次，还普遍建立了专业性服务组织和职工家庭农场。农村合作经济组织在普遍推行农户联产承包的同时，也相应建立了统一经营的生产和服务组织。这种多种形式、多层次的生产经营管理体制，必然给成本核算带来一定的复杂性。为此，本节只介绍农业生产成本核算问题，至于农业企业从事工业生产、运输生产、施工活动等生产活动发生的成本费用核算，可比照工业企业、运输企业、施工企业的成本费用核算，此节不再涉及。

（二）农业企业生产的范围

广义的农业生产，包括农产品生产、林产品生产、畜产品生产、水产品生产，以及副业产品生产等。上述生产各有特点，其生产成本的核算方法不完全相同。

农产品生产是指以土地为依托，利用植物的生理机能，通过人工栽培取得农产品的过程。它一般包括粮食作物、经济作物、饲料作物和蔬菜等的生产。

林产品生产一般是指经济林木的生产，不包括用材林的生产。经济林木包括果、桑、茶、橡胶和其他经济林木等。

畜禽产品生产主要是指利用动物的生理机能，通过人工饲养管理，而获得畜禽产品的生产。畜禽产品生产主要包括养马、养牛、养猪、养羊、养鸡、养蜂等。

水产品生产是指人工对水生动植物的养殖或捕捞而取得水产品的过程，又称渔业生产。水产品养殖按其作业方式不同，分为人工养殖和天然捕捞两种。人工养殖是在湖、泊、塘、池水面放着种苗，进行人工管理、再予以捕捞的水产品生产。天然捕捞是指在天然湖泊、江河、海洋中捕捞自然生长水产品的生产。

由于各种农业生产的过程各不相同，因而成本计算对象、成本计算期和成本项目，以及成本计算方法亦不相同。鉴于教学要求的限制，下面仅以农产品为例，概略介绍其成本计算特点。

二、农产品生产成本的计算特点

农产品生产受自然条件的影响较大，经济再生产与自然再生产相互交织，生产时间与劳动时间不一致，具有明显的季节性。这些特点决定了农产品成本计算具有以下特点：

（一）成本计算对象

农产品成本计算的对象是每种作物或作物组。对主要的农产品应单独设置农业生产的成本明细账（即成本计算单）进行核算，次要的农作物可适当合并设置农业生产成本明细账进行核算。为了满足国家宏观经济管理的需要，国家规定小麦、水稻、大豆、玉米、棉花、糖料、烟叶等农产品为农业企业主要农产品，企业需要补充的主要农产品由企业确定。企业对国家规定和企业自己补充规定的主要农产品，单独设置农业生产成本明细账（即成本计算单）进行核算，计算其成本，其他的农产品可归类计算其生产成本。

（二）成本计算期

农产品成本应在农产品产出的月份计算成本。由于农作物生产周期较长，不少农作物一年只收获一次，因此，农产品的成本计算期一般是一年一次。但不同收获期的同一作物必须分别核算成本。

农产品收获的具体情况不同，其成本费用应计算至哪一阶段也不相同。新制度规定，农产品成本和费用计算至以下阶段：

（1）粮豆的成本算至入仓入库和场上能够销售为止。从仓囤出库的场上交售发生的包装费、运杂费，作销售费用处理。

（2）不入库、不入窖的鲜活产品的成本，算至销售为止；入库、入窖的鲜活产品的成本，算至入库、入窖为止。

（3）棉花的成本算至加工成皮棉为止。打包上交过程中发生的包装费、运输费，作销售费用处理。

（4）纤维作物、香料作物和水参等的成本，算至加工完成为止（如水参加工成干参、红参、糖参、香茅草加工成香茅油为止）。

至于年底尚未脱粒作物的成本，应当包括预提脱粒费用。下年度实际发生的脱粒费与预提数的差额，由下年度同一作物负担。

（三）在产品成本计算

农产品生产一般没有在完工产品和在产品之间进行费用分配的问题。当年播种收获的农产品，年终没有在产品；当年播种以后年度收获的农作物，如冬小麦、油菜等，其农业生产成本明细账（即成本计算单）归集的费用，就是在产品成本。

（四）农产品核算的成本项目

根据农产品特点、成本内容，以及成本管理的需要，农产品生产一般设置以下成本项目：

（1）种子和种苗：指农作物生产过程中直接耗用的自产品和外购的种子与种苗的费用。

（2）肥料与农药：指农作物生产过程中直接耗用的各种化肥、农家肥和农药的费用。

（3）直接工资：指直接从事农作物生产人员的工资、奖金、津贴和补贴。

（4）其他直接费：指为农作物生产直接支付的不属于以上各项费用，包括直接从事农作物生产人员的职工福利费、机械作业费等。

（5）制造费用：指企业工农业生产单位为组织管理生产所发生的间接费用。

（6）往年费用：指按规定应摊入本年产品负担的多年生作物投产前各年发生的生产费用。不包括跨年生长的越冬作物的费用。

对于以上成本项目，企业还可以根据生产特点和成本管理的要求，作必要的增加或合并。

三、农产品成本的核算程序和方法

农产品生产过程中（包括农产品生产、林产品生产、畜禽产品生产、水产品生产以及副业产品生产）所发生的各项生产费用，应计入“农业生产成本”账户。该账户属成本类账户，借方归集农业生产所发生的各项费用，贷方登记已完工农产品的实际成本。期末余额一般在借方，为期末在产品成本。对于能直接计入农产品生产成本的费用，如直接材料、直接人工、其他直接费用，应从有关账户的贷方直接计入该账户借方；对于发生的间接费用，应先将其归集在“制造费用”账户借方，期末再按一定的标准分配计入该账户的借方。期末，对于完工并已验收入库的农产品，应按照其实际成本从“农业生产成本”账户贷方转入“库存商品”账户。未经入库直接销售的产品和自产留用的产品，应按其实际成本从“农业生产成本”账户贷方转入“营业成本”账户。“农业生产成本”账户应按成本核算对象设置明细账，并按成本项目分设专栏。农业企业生产成本核算账务处理程序如图 12－3 所示。

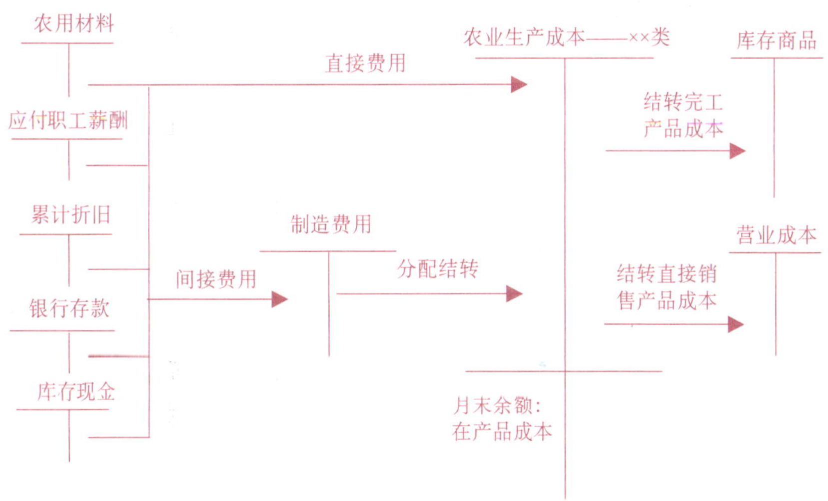

图 12－3　农业企业成本核算流程